승무원
어떻게
되었을까
？

꿈을 이룬 사람들의 생생한 직업 이야기 8편

승무원 어떻게 되었을까?

1판 1쇄 찍음 2016년 12월 2일
1판 5쇄 펴냄 2021년 8월 13일

펴낸곳	㈜캠퍼스멘토
저자	김달님
책임 편집	이동준 · ㈜엔투디
교정 · 교열	북커북
연구 · 기획	박선경 · 오승훈 · 김예솔 · 민하늘 · 최미화 · 박민아 · 진애리 · ㈜모야컴퍼니
디자인	㈜엔투디
마케팅	윤영재 · 이동준 · 임소영 · 김지수
교육운영	임철규 · 문태준 · 신숙진 · 이사라 · 이동훈 · 박홍수
관리	김동욱 · 지재우 · 이경태 · 최영혜 · 이석기
발행인	안광배

주소	서울시 서초구 강남대로 557 성한빌딩 9층 ㈜캠퍼스멘토
출판등록	제 2012-000207
구입문의	(02) 333-5966
팩스	(02) 3785-0901
홈페이지	http://www.campusmentor.org

ISBN 978-89-97826-12-4 (43300)

현직
승무원들을
통해 알아보는
리얼 직업
이야기

승무원
어떻게

How did they become
flight attendant?

되었을까?

CampusMentor
캠퍼스멘토

"도움을 주신 승무원들을 소개합니다"

곽혜원 크루킷 대표
전 대한항공 객실승무원(사무장)

- 현) 승무원 전문 사이트 크루킷 대표
- 대한항공 객실승무원
- 서울예술대학교 영화과 졸업

김선미 로즈면접이미지 대표
전 아시아나항공 국내선 객실승무원

- 현) 로즈면접이미지 대표
- 영남에어 입사
- 아시아나 국내선 승무원 3기 입사
- 부산여자대학교 항공과 졸업

고민환 미소짓는 스튜어드 대표
전 카타르항공 스튜어드(On board manager)

- 현) 미소짓는 스튜어드 대표
- 경희사이버대학원 항공경영학과 졸업
- 카타르 항공 스튜어드
- ROTC 육군 전역
- 경희대학교 호텔경영학과 졸업

배유리 리얼유 대표
전 대한항공 객실승무원(부사무장)

- 현) 승무원 멘토링전문기업 리얼유 대표
- 대한항공 객실승무원
- 성신여자대학교 디지털컨텐츠학과 졸업

권다영 업튜승무원양성센터장
전 대한항공 객실승무원(부사무장)

- 현) 업튜승무원양성센터장
- 대한항공 객실승무원
- 부경대학교 교육컨설팅 박사 과정 중
- 부경대학교 국제대학원 TESOL석사
- 부경대학교 이미지시스템공학 학사

이지나 카타르항공 승무원
현 승무원, 웹툰 작가

- 현) 카타르항공 승무원
- 현) 웹툰 작가
- 로얄캐리비안크루즈 카지노 딜러
- 세븐럭 카지노 딜러
- 클럽메드 리조트 G.O
- 중앙대학교 영어학과 졸업

이 책의 구성

CHAPTER

| 1 |

승무원,

어떻게
되었을까
?

TICKET

항공기객실승무원이란?

항공기객실승무원은
탑승객이 목적지까지 안전하고 쾌적하게 이동할 수 있도록
기내에서 각종 서비스를 제공하는 사람이다.

비행기 탑승 전부터 비행기가 이륙 후 다시 착륙하기까지 기내의 각 설비 설명, 비행 관련 주의사항 전달,

통과지점 및 비행 상황설명, 식사 및 음료수 서비스, 응급 시 승객의 안전지도 및 비상탈출 돕기 등을 수행한다.

또한, 승무원 이외에도 캐빈크루(Cabin Crew), 스튜어디스(여성/stewardess), 스튜어드(남성/steward)라는 명칭

을 사용하기도 하며 해외에서는 에어걸(air girl), 에어호스티스(air hostess)라고도 한다.

· 출처: 워크넷. 잡맵

항공기객실승무원이 하는 일

승객이 목적지까지 도착하는 과정에서 탑승, 안전지도 및 관리, 식사, 응급상황 처리 등 기내에서 발생하는 모든 일을 수행하며 승무원의 역할을 정리해보면 다음과 같다.

· 사전 브리핑 및 기내 점검

통상적으로 비행기 출발 2시간 전에 당일 비행에 대한 회의를 진행한다. 출발지와 목적지의 기상상태 및 국가정보, 관련 출입국 서류, 업무분담, 당일 보호가 필요한 승객 등을 사전에 인식한다. 또한 승객이 탑승하기 전 기내 장비 용품 점검을 통해 쾌적하고 안전한 비행을 준비하는 과정이다.

· 탑승 안내 및 안전지도

예정된 승객의 기내 탑승을 도와주며 안전지도를 통해 비행 시 주의사항을 전달한다.

· 기내서비스

비행시간에 따라 음료 및 식사를 제공하며 개인별 상태를 점검하여 승객의 상태를 살피며 별도의 요구사항을 수행한다. 추가적으로 면세용품 판매 및 출입국 서류작성 등의 업무를 도와준다.

· 착륙준비

목적지에 도착하기 전 사전고지 및 안전지도를 통해 원활하고 안전한 착륙을 돕는다.

항공기객실승무원의 자격 요건

승무원은 전공에 제한을 두고 있지는 않지만 항공비서과, 항공운항과 등 관련 학과를 전공하면 유리하다. 관련 학과에서는 항공업무론을 비롯해 객실업무개론, 항공운송실무, 객실서비스실무, 기내식음료개론, 항공서비스매너, 항공영어회화, 객실서비스영어, 토익 등 현직에서 활용할 수 있는 전문적인 지식을 교육한다. 채용 시 영어 등 외국어 능력이 중요한 평가요소가 되므로 반드시 응시기준 이상의 공인성적을 획득해야 하고 회화 능력도 갖추면 좋다. 특정 회사에서는 채용과정에서 체력 테스트의 하나로 수영시험을 보기도 하므로 관련 교육이나 훈련을 미리 받아 놓아야 한다. 이밖에 각 나라의 다양한 문화에 관심을 갖고 관련 상식을 쌓아 놓으면 향후 업무 수행에 도움이 된다. 항공사마다 학력 조건은 상이하므로 지원하는 항공사별 채용정보를 미리 숙지해놓는 것이 중요하다.

· 출처: 워크넷. 직업정보

어떤 특성을 가진 사람들에게 적합할까?

서비스직의 특성상 봉사 정신이 투철해야 하며 단정한 용모와 화술이 요구된다. 친절하고 상냥한 태도는 물론 항상 밝은 미소를 지을 수 있는 사람이어야 한다. 팀 단위로 비행을 하기 때문에 구성원 간 마찰 없이 일을 해내야 하므로 협동 정신, 원만한 대인관계를 유지할 수 있는 성격 등이 요구된다. 또한, 근무 스케줄이 불규칙하고 장시간 비행을 하는 경우가 많기 때문에 무엇보다 체력을 유지하는 것이 중요하다.

· 출처: 워크넷. 직업정보

승무원과 관련된 특성

외국어 능력

긍정적 마인드

친화력

멀티테스킹

서비스 마인드

강한 체력

협동 정신

인내심

희생정신

국제적 마인드와 언어소통능력입니다.

국내 항공사들도 점차 글로벌화 되어가고 있어요. 취항지가 늘어나기도 하고 외국인 승객들도 많답니다. 그래서 국제적인 마인드와 언어소통능력은 필수적이에요. 특히 외국어는 혼자 공부하는 것도 좋은 방법이지만 박람회나 전시회 등 학생들이 비용을 들이지 않고 갈 수 있는 국제행사에 많이 참석하는 것도 추천하고 싶은 방법이랍니다. 더욱 다양한 국적의 사람들을 만나며 세계 각국의 문화도 익힐 수 있어 자연스레 언어소통 능력과 국제적 마인드를 동시에 기를 수 있기 때문이에요.

인성이 가장 중요합니다.

실력이나 외국어 등 모두 중요하지만 가장 중요한 것은 인성입니다. 평상시 모습부터 상냥하고 예의 바르게, 그리고 비속어나 나쁜 말 등을 쓰지 않는 것이 중요해요. 이런 것들이 하나하나 쌓여서 결국 나의 인성이 되거든요. 아무리 예쁜 친구도 마음이 딱딱하면 표정도 굳어버린답니다. 자연스러운 미소는 결국 마음, 인성에서 풍겨져 나온다는 것을 잊지 않길 바랍니다.

긍정적 마인드입니다.

살아가다 보면, 내 의지와 상관없이 주변 환경에 의해 여러 가지 문제가 발생하곤 해요. 예를 들어 기상 조건이 좋지 않아 비행기가 연착될 때, 연착이 되는 만큼 근무시간이 늘어나 피로도도 늘어나고, 불편을 겪은 승객들이 만족할 수 있는 서비스를 제공해야 한다는 부담감도 생기죠. 불편한 외부 환경에 내 마음도 같이 따라간다면 일하는 순간이 행복할 수가 없겠죠? 그래서 승무원은 긍정적인 마음가짐이 최우선이 되어야 해요. 본인이 얼마나 긍정적인 생각을 하느냐에 따라 긍정적인 태도, 친절한 서비스가 나오니까요.

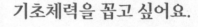

기초체력을 꼽고 싶어요.

학생 때부터 체력을 관리하는 것이 중요하다고 생각합니다. 더불어 꾸준한 운동은 좋은 습관을 만들어 주기도 하고요. 국내선은 짧은 거리상 비행 스케줄 자체가 많은 점이 특징이라면, 국제선은 한 번에 14시간씩 장거리 비행을 하기도 합니다. 그리고 출근 준비부터 브리핑까지 생각하면 실제 근무시간 이상의 시간을 긴장하고 있어야 하기에 체력이 정말 중요합니다. 건강상의 이유로 소중한 일을 계속할 수 없으면 정말 속상하겠지요?

톡(Talk)!
이지나

인내심과 멀티테스킹 능력이라고 생각해요.

저는 승무원이 되기 전에는 미소와 친절함이 가장 중요하지 않을까 생각했는데, 현업에 종사하면서 느낀 점은 승무원은 인내심이 강하고 멀티태스킹(여러 개의 일을 기억하고 동시에 하는 일)이 가능해야 한다는 점이었어요. 비행기 안에서는 승무원이 모든 일을 처리하기 때문에 몸은 하나이지만 하는 일은 수십 가지가 넘거든요. 또 이러한 일들을 처리하고 장기적으로 업무에 임하기 위해서는 기본적으로 인내심이 필요하답니다.

톡(Talk)!
고민환

다른 사람과 빠르게 친해지는 능력, 즉 친화력을 꼽고 싶네요.

승무원은 하루 몇백 명에서 천 명에 가까운 사람들을 만나는데, 만나는 사람 모두에게 좋은 모습을 보여야 합니다. 내가 가진 친화력을 통해 자연스럽게 다가가면 좋겠지요? 그리고 또 한 가지 이유는 바로 직장동료와의 관계 때문입니다. 특히 외국항공사는 국내항공사와 다르게 팀 비행이 거의 없어요. 즉 매일의 비행이 모두 모르는 사람과 이루어집니다. 이왕 하는 일이 즐거운 분위기, 좋은 팀워크 속에서 진행되면 그것만큼 멋진 일이 있을까요?

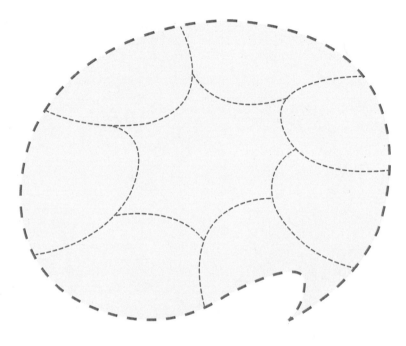

내가 생각하는 승무원의
자격 요건을 적어 보세요 !

항공기객실승무원이 되는 과정

3차 면접

2차 서류 심사

1차 채용 공고

4차
영어 면접 및
임원 면접

체력 테스트

최종 합격

*각 항공사 별 채용 체계는 상이함

1 서류 심사

- 국내 항공사의 경우 대부분 전문학사 이상 졸업자를 대상으로 하며 일부 외국항공사의 경우 고등학교 졸업자도 지원이 가능하다. 하지만 2016년부터 최소학력제한 자체를 폐지한 항공사도 있어 학력에 상관없이 지원 가능하도록 점차 변경되고 있는 추세이다.

- 지원 서류는 일반적으로 기본 인적 사항을 포함하여 지원동기, 직무 경험 및 성과, 입사 후 포부, 자신의 강점 및 약점, 기타 이력(경험 및 사회활동) 등의 내용이 포함된다.

- 최근 SNS 서비스를 활용하여 동영상 입사 지원을 하는 경우도 있어 항공사 별 지원방식을 사전에 알아두는 것이 필요하다.

Q. 승무원 시험 과정은 어떻게 되나요?

먼저 제가 다녔던 대한항공 기준 서류 합격률은 거의 80~90% 정도 된답니다. 그래서 서류도 중요하지만 면접에 더 집중하셔야 합니다. 특히 면접은 3차에 걸쳐 나누어서 진행하는데 저희 때는 2차까지 있었어요. 어떻게 보면 조금 더 어려워졌다고 볼 수 있겠네요. 서류가 통과된 후 1차 면접은 서울과 부산에서 모두 진행하니 지방에 있는 학생들도 부담이 덜해요. 저도 부산에서 1차 면접을 봤었거든요. 2명의 면접관에 7~8명 정도의 서류통과자가 서 있는 상태에서 면접이 진행됩니다. 이력서를 토대로 자기소개나 취미, 체력, 그리고 이미지 위주로 심사를 하며 공통질문과 개별 질문 등 그리 많지 않아서 10~20분 정도면 면접은 종료가 된답니다.

2 면접

■ 일반적으로 면접은 서류 통과 시 진행되며 항공사 별 1차 혹은 2차까지 진행된다.

■ 면접에서는 자기소개 및 장단점, 지원 동기 등 입사지원서를 기준으로 질문하며 항공사에 대한 다양한 지식 및 서비스 특성 등의 질문을 통해 지원자의 서비스 의식과 전문성, 지원 항공사에 대한 애정도를 확인한다. 또한, 우수한 외국어 능력을 보유, 호감 가는 이미지를 가진 지원자를 선발하기 위해 영어회화, 미소 및 스피치 등을 다각적으로 평가하게 된다.

Q. 면접 복장은 어떻게 해야 하나요?

1차 면접은 흔히 유관순 복장이라 불리는 흰 블라우스에 검은 치마를 입어요. 커피색 스타킹과 검은 구두도 필수이고요. 그리고 머리는 단정하게 번(bun) 헤어(묶은 머리카락을 둥글게 모아 정리한 스타일)를 한답니다. 요즘 친구들이 똥 머리라고 표현하는 그 헤어스타일이에요. 1차 면접이 끝난 후 통과 시에 2차 면접은 서울에서 보게 되는데 이때 대한항공은 실제 유니폼을 입은 모습도 함께 심사한답니다. 그리고 영어인터뷰도 함께 진행되는데 보통 타 항공사는 간혹 오픽이나 토익스피킹 점수로 대체가 가능하지만 대한항공은 예외 없이 영어인터뷰를 진행하고 있어요.

Q. 새로 생긴 3차 면접은 어떠한가요?

3차 면접은 2011년도부터 생겼는데 쉽게 생각해서 기존의 2차 면접을 한 번 더 본다고 생각하시면 될 것 같아요. 2차가 임원면접이거든요. 면접도 시즌마다 트렌드가 있지만 일반적으로 3차에서는 조금 더 심층적이고 압박감이 느껴지는 질문을 통해 한 번 더 검증하는 것 같아요. 승무원의 업무는 생각보다 훨씬 더 힘들기 때문에 승무원이 될 만한 기본적인 자질을 갖추었는지 더욱 꼼꼼하게 본답니다.

체력테스트

■ 항공사마다 체력테스트의 종류 및 기준은 다르나 기본적인 신체 및 체력 검사, 수영 실력은 공통적으로 평가하는 사항이다.

김산미 승무원
톡 (Talk)!

Q. 아시아나 항공사의 체력측정항목 및 통과기준은 어떻게 되나요?

배근력, 악력, 윗몸일으키기, 유연성, 수영 이렇게 5가지입니다.

• 배근력: 측정기를 잡아당겨 근력을 측정하는 방식으로 허리의 힘과 하체 힘이 무척 중요합니다. (통과 기준: 60 이상)

• 악력: 손바닥으로 물건을 쥐는 힘으로 악력측정계를 꽉 쥐어 나타난 수치로 측정 합니다. (통과 기준: 평균 20 이상)

• 윗몸일으키기: 30초간 바닥에 완전히 닿아야 개수로 인정됩니다. (통과 기준: 15개 이상)

• 유연성: 상체를 굽혀 손이 바닥에 얼마나 가까이 닿는지를 측정합니다. (통과 기준: 15~20 이상)

• 수영: 자유형 25m를 완영해야 하며 중간에 멈추면 안 된답니다. 기회는 총 3번! (통과 기준: 완영/시간제한 없음)

4

항공기객실승무원 승진 체계

■ 항공사마다 직급용어 및 승진 체계는 상이하나 일반적으로 항공기객실승무원 시험에 최종합
  격하면 수습승무원으로 교육을 받고 승무원이 된다. 그 후 부사무장, 사무장, 선임사무장, 수
  석사무장의 단계를 거치며 진급한다.

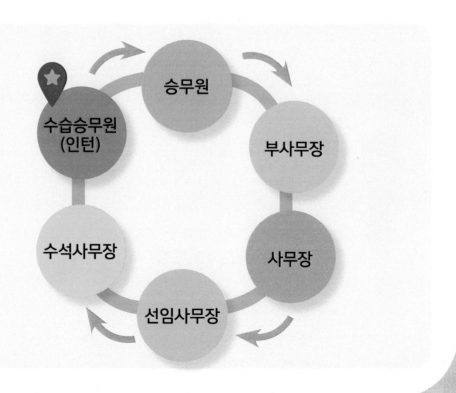

항공기객실승무원의 좋은 점·힘든 점

톡(Talk)!
곽혜원

| 좋은 점 |

다양한 사람들을 통해 행복을 느낄 수 있어요.

비행하는 것이 행복했던 이유 중 하나는 바로 다양한 사람들을 만날 수 있다는 것이었습니다. 함께 비행하는 선, 후배 동료들은 물론이고 고객들과의 만남도 모두 특별하지요. 비행 중 만난 고객에게 짧은 시간이지만 좋은 서비스로 행복함을 느끼도록 할 수도 있고 슬픈 일로 비행기를 탄 경우, 저의 서비스로 마음의 위로를 받기도 하는 모습을 보면 제 삶이 더욱 풍성하고 행복해진답니다.

톡(Talk)!
김선미

| 좋은 점 |

가족 같은 분위기에서 근무할 수 있어요.

국내선 승무원만의 장점을 알려드리고 싶네요. 국내선은 국제선보다 규모가 작고 인원이 적어 가족 같은 분위기에서 일 할 수 있어요. 회사 문화와 분위기는 행복한 직장 생활의 기본이지요. 또한, 국제선 대비 식사나 음료 등 기내 서비스의 양이 적어 부담이 덜하기에 꼭 필요한 서비스에 집중할 수 있다는 장점도 있답니다.

| 좋은 점 |

미래를 위한 준비가 용이합니다.

스케줄 근무로 사전에 알 수 있는 여유 시간에 자기개발을 할 수 있고 경제적으로도 저축하기 좋답니다. 외국항공사의 경우 거주할 수 있는 집을 제공받기도 하고 '크루시티(crew city)'처럼 다양한 혜택을 누릴 수 있는 환경들이 무료로 제공되기 때문에 여러 가지 지출을 줄일 수 있답니다. 또한, 비행 중 현지에서 누리게 되는 호텔 역시 무료로 제공되고 사용할 수 있는 비용도 일부 지급되기에 더욱 부담이 없습니다.

톡(Talk)!
배유리

| 좋은 점 |

다양한 여행 경험을 쌓을 수 있어요.

사우디아라비아를 여행한다는 생각을 해보신 적 있나요? 물론 사우디아라비아 여행을 경험하신 분도 계시겠지만 일반적으로 여행지로 쉽게 떠올리지거나, 여행을 결심하기는 쉽지 않지요. 하지만 승무원 생활을 하면 이처럼 생각지도 못한 나라를 방문하고, 여행하기도 하며 문화를 경험할 수 있답니다.

톡(Talk)!
권다영

| 좋은 점 |

해외 체류 시 부담 없는 휴식과
여행을 할 수 있어요.

　　여행처럼 눈에 보이는 대표적인 장점들도 있지만 급여에 대한 혜택도 큰 장점 중 하나입니다. 특히 비행으로 인한 해외 체류 시 그에 따른 체류 비용을 달러로 받는답니다. 각 나라의 물가수준에 맞춘 금액이라 해외에 나가서도 큰 부담 없이 휴식과 여행을 하고 숙박 역시 항공사와 제휴 된 호텔에서 쉴 수 있기에 더욱 편안하고 안전하게 있을 수 있답니다.

톡(Talk)!
이지나

| 좋은 점 |

동해 번쩍, 서해 번쩍 전 세계를 다닐 수 있어요.

　　오늘은 스페인에서 타파스를 맛보고, 며칠 뒤 LA에서 디즈니랜드를 방문하고, 또 며칠 뒤 발리에서 휴양을 즐기는 것이 가능한 직업이 세상에 또 어디 있을까요? 승무원의 일상은 말 그대로 동에 번쩍 서에 번쩍합니다. 전 세계를 다닐 수 있다는 큰 장점이 있지요.

| 힘든 점 |

항상 최상의 컨디션을 가지도록 노력해야해요.

여느 직업에서나 마찬가지이지만 비행을 하는 경우 몸과 마음의 컨디션 모두 최상이어야 해요. 철저한 서비스와 안전을 책임지는 업무이기에 몸과 마음 중 어느 것 하나 지치면 업무에 집중하는 것이 무척 힘들답니다. 많은 서비스들은 소소해 보이지만 많은 체력을 요하고, 또한 반드시 필요한 서비스이기에 항상 자부심을 가지고 프로의식으로 일하는 노력이 필요합니다.

| 힘든 점 |

잦은 스케줄 변동과 많은 이착륙으로
건강에 특히 신경 써야 해요.

국내선은 스케줄이 국제선처럼 길지 않다는 장점도 있지만 대신 잦은 스케줄을 수행하고 그에 따라 많은 이착륙을 겪기 때문에 조금 더 몸에 무리가 갈 수 있답니다. 물론 좋은 자세를 통해 큰 문제는 없지만 이착륙 시의 바른 자세는 국내선 승무원이 더욱 신경 써야 하는 부분이에요.

톡(Talk)!
고민환

| 힘든 점 |

맡은 일에 대한 책임을 감당할 수 있어야 합니다.

비행 중 배정받게 되는 '담당구역'에서부터 불편하거나 위험한 일이 생기지 않도록 항상 긴장하고 있어야 합니다. 그뿐만 아니라 질병 등으로 위험한 국가에 비행을 가는 경우도 스케줄에 맞추어 비행을 진행해야 합니다. 이러한 곳에도 승객들은 여러 가지 업무로 비행기를 이용하기에 우리 승무원들 역시 함께해야겠지요.

톡(Talk)!
배유리

| 힘든 점 |

스케줄 근무로 주말에도 일하는 경우가 많아요.

승무원은 철저히 스케줄에 따라 움직이는 일이랍니다. 그래서 주말이나 휴가시즌에는 승객들도 더 많이 비행기를 이용하시니 저희도 가장 바쁜 시기가 되는 거죠. 가끔 경조사나 설날, 추석 같은 명절을 친구나 가족과 함께할 수 없다는 점이 참 힘들어요.

끊임없는 자기관리가 힘들어요.

체력적인 관리가 무척 중요하다 보니 승무원들은 체력을 위해 운동이나 자기관리를 철저히 해야 합니다. 좋은 컨디션에서 좋은 서비스가 나오는 것도 이유 중 하나이고요. 그래서 때로는 여행하고 싶은 나라에 가도 우선적으로 휴식을 취하거나 운동을 하는 경우도 있어 아쉬운 마음이 들기도 합니다.

| 힘든 점 |

체력적으로 힘든 일이랍니다.

체력적으로 힘들어요. 밤낮도 없고 기내에서 급하게 끼니를 때우는 게 전부일 때도 잦고요. 시차 적응으로 쉬는 날에도 밀린 잠을 자느라 바쁩니다. 저는 어릴 때부터 크게 아픈 적도 없었고 어딜 가도 체력이 강하다는 말을 들어왔는데 아무리 강한 체력을 가지고 있더라도 비행 스케줄 때문에 잠을 제대로 못 자면 많이 힘들답니다.

항공기객실승무원이 되기 위한 교육 과정

- 항공기객실승무원이 되기 위한 전공의 제한은 없으며 대부분 전문대학이나 4년제 대학 졸업자이다. 일부 외국 항공사는 고등학교 졸업자의 경우도 지원 가능하다.

- 항공운항관련학과에서 체계적인 항공 및 서비스 지식과 실무 능력을 교육받을 수는 있으나 필수 조건은 아니므로 전공은 자유롭게 선택하여도 무방하다. 단 항공사 별 지원 조건 중 학점 및 영어 성적의 제한이 있으므로 반드시 해당 내용을 숙지하여 준비하여야 한다.

- 직업 훈련으로는 사설 교육기관을 통해 훈련을 받을 수 있으나 개인 및 그룹스터디를 통해서 개별적으로 준비하여 지원도 가능하다. 승무원 양성학원의 수강 기간은 평균 2개월에서 6개월까지 다양하며 기간은 개인의 선택 및 학원 특성에 따라 상이하다.

- 사설 교육기관의 훈련 내용은 이미지 메이킹 및 스피치, 헤어 및 메이크업, 입사 지원서 및 면접 준비, 영어 회화 및 토익 수업 등 다양한 내용으로 진행되며 이론과 실무 교육이 함께 이루어진다. 외국항공사의 경우 사설학원에서 채용 대행을 진행하는 경우도 있기에 해당 사항을 고려하여 준비해야 한다.

- 관련 자격증으로는 제2외국어(영어 외) 공인성적 및 고객서비스 및 안전에 관한 자격증이 있다면 전문성을 높일 수 있다.

항공기객실승무원 종사 현황

성별

남자 11.6%

여자 88.4%

평균 연령

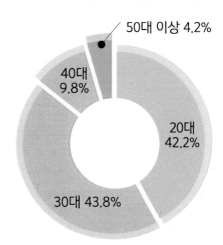

50대 이상 4.2%

40대 9.8%

20대 42.2%

30대 43.8%

학력 분포

고졸이하	0.0 %
전문대졸	19.8 %
대졸	77.2 %
대학원졸	3.0 %

임금 수준(단위: 만 원)

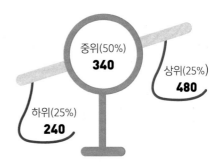

중위(50%)
340

상위(25%)
480

하위(25%)
240

출처: 워크넷.한국직업전망

항공기객실승무원 직업 전망

감소　　다소 감소　　유지　　다소 증가　　증가

　향후 10년간 항공기객실승무원의 고용은 다소 증가할 것으로 전망된다.

　한국고용정보원의 「2013-2023 인력수급전망」에 따르면, 2013년 항공기객실승무원 취업자 수는 10,000명으로 2008년 7,100명 대비 2,900명(연평균 7.2%) 증가하였다.

　생활 수준이 점점 높아지면서 여가에 대한 관심이 증가하고, 주5일근무제로 여행과 레저산업의 규모가 커지고 있다. 또한 인구의 고령화, 저출산 지속으로 그만큼 자기 자신에게 투자할 시간이 늘어나면서 해외여행이 늘고, 세계와의 교류 활성화로 기업에서는 출장 등으로 해외에 갈 일이 많아졌다. 여객수송량 및 여객기 보유량의 증가 등은 항공기객실승무원의 수요 증가에 긍정적인 영향을 줄 것이다.

　해외 여행자 수의 증가뿐만 아니라 중국, 인도, 브릭스의 신흥개도국에서 경제성장을 하면서 한국으로의 해외여행이 증가하였다. 이러한 항공수요 증가는 항공기객실승무원의 일자리 증가에 긍정적인 영향을 미칠 것이다. 또한, 해외 여행자 수가 증가함에 따라 최근에는 국내에 취항하는 외국 항공사들이 현지인 채용을 적극 추진하고 있어 스튜어디스에 대한 수요가 늘고 있다. 기혼자에게도 승무원자격을 부여함으로서, 미혼자만 일할 수 있다는 기존의 스튜어디스에 대한 인식이 평생직장이 될 수 있다는 생각으로 점차 바뀌어가고 있다. 몇 년 전부터 등장한 저가 항공사 역시 항공기객실승무원의 수요를 발생시키는 요인으로 꼽힌다. 저가항공사에서 근무하는 항공기객실승무원의 경우 규모가 큰 항공사보다 임금은 낮은 편이지만 취업처가 더 늘어날 수 있다는 점에서 항공기객실승무원의 고용에 긍정적이다. 또한, 항공기 객실승무원은 서비스업 중 고연봉을 받는 직종으로 알려져 있으며, 사회적 지위도 얻을 수 있고 다양한 문화권을 접할 수 있는 기회의 창이라는 인식이 있어 앞으로 항공서비스 산업은 더욱 발전할 것이다.

*출처:워크넷.한국직업전망

승무원의 출근준비

CHAPTER
| 2 |

승무원의

생생
경험담

TICKET
✈

미리 보는 승무원들의 커리어 패스

 **곽혜원**　서울예술대학교 영화과 졸업　　대한항공 입사　

 **고민환**　경희대학교 호텔경영학과 졸업　　ROTC 육군 전역　

 **김선미**　부산여자대학교 항공과 졸업　　아시아나 국내선
승무원 3기 입사　

 배유리　성신여자대학교
디지컬컨텐츠학과 졸업　　대한한공 입사　

 **권다영**　부경대학교
이미지시스템공학 졸업　　대한항공 입사　

 **이지나**　중앙대학교
영어학과 졸업　　클럽메드 리조트G.O　　세븐럭 카지노 딜러

> 대한항공 객실승무원(사무장) > 현) 승무원 전문 사이트 크루킷 대표

> 카타르항공 스튜어드
(On board manager) > 경희사이버대학원
항공경영학과 졸업 > 현) 미소짓는 스튜어드 대표

> 영남에어 입사 > 현) 로즈면접이미지 대표

> 대한항공 객실승무원(부사무장) > 현) 승무원 멘토링전문기업 리얼유 대표

> 대한항공 객실승무원
(부사무장) > 부경대학교 국제대학원
TESOL 석사 > 현) 업튜승무원양성센터장,
부경대학교 교육컨설팅 박사 과정 중

> 로얄캐리비안크루즈
카지노 딜러 > 카타르항공 입사 > 현) 카타르항공 승무원,
웹툰작가(네이버 베스트 도전 만화)

중학교 시절 봉사활동만큼은 꾸준히 하며 학창시절을 보냈다. 고등학교 시절 우연히 시작한 연극부 활동을 통해 영화, 연극에 대한 관심을 가지게 되었다. 대학 전공 역시 영화과로 선택해 영화 출연, 방송 리포터, 미인 대회 등 다양한 경험을 하며 대학시절을 보냈다. 이후 엑스포 도우미로 활동하던 중 협찬사였던 대한항공을 알게 되었고, 서비스 교육을 받으며 승무원이라는 직업에 관심을 가지게 되었다.

그 후 주니어, 시니어를 거쳐 사무장까지 진급하며 승무원이 경험할 수 있는 모든 직급과 다양한 업무를 두루 경험하며 20년간 승무원으로 살아왔다. 현재는 오랜 비행경험을 통해 승무원에게 꼭 필요한 아이템만을 선별한 사이트 '크루킷'을 운영하며 더 좋은 제품을 소개하고 만들기 위해 직접 발로 뛰며 바쁘게 살아가고 있다. 하루하루 행복한 삶을 살아가는 것을 중요하게 생각하는 그녀는 어제보다 조금 더 행복한 오늘을 위해 지금도 최선을 다하고 있다.

승무원 전문 사이트 크루킷 대표
곽혜원

- 현) 승무원 전문 사이트 크루킷 대표
- 전) 대한항공 객실승무원(사무장)
- 2014년 대한항공 퇴사
- 1994년 대한항공 입사
- 서울예술대학교 영화과

승무원의 스케줄

곽혜원
대한항공
승무원 시절의
하루

11:30am 일본 나리타비행 기준 일과랍니다

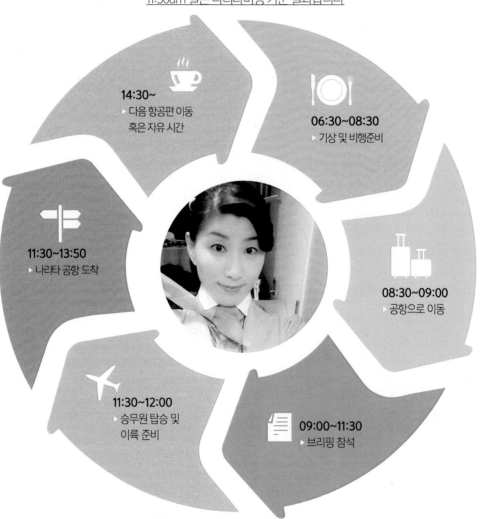

14:30~
▶ 다음 항공편 이동
혹은 자유 시간

06:30~08:30
▶ 기상 및 비행준비

11:30~13:50
▶ 나리타 공항 도착

08:30~09:00
▶ 공항으로 이동

11:30~12:00
▶ 승무원 탑승 및
이륙 준비

09:00~11:30
▶ 브리핑 참석

연극부 소녀의 승무원 도전기

▶ 대전엑스포홍보도우미활동

㉜ 곽 혜 원 (만21세)
예술전문대학졸

▶ 미스유니버시티 출전 프로필

학창시절에는 어떤 학생이었나요?

말이 없고 얌전한 편이었어요. 주로 친한 친구들하고만 사이좋게 지냈었지요. 대신에, 학교에서 하던 봉사활동에 열심히 나갔었답니다. 아람단, 누리단 등의 활동을 가장 열심히 했던 것 같아요. 이런 활동 덕분인지 중, 고등학생 때부터는 친구들도 더욱 많이 사귀게 되고 활발한 성격이 된 것 같네요. 한번은 조금 노는 무리의 아이와 짝지가 된 적이 있는데 갑자기 그 친구에게 공부를 가르쳐 주고 싶다는 생각이 들었어요. 아마 그 친구와 짝으로 지내며 좋은 친구라는 걸 알게 되어 이런 마음이 들었던 것 같아요. 결국 마음이 잘 통해 친한 친구가 되기도 했어요.

Question **학창시절 기억에 남는 기억은 무엇인가요?**

성적은 늘 중간 정도였는데 아무래도 친구들과 노는 것이 더 좋을 때라 공부를 소홀히 하게 되니 성적이 많이 낮아졌어요. 다행히 중3이 되면서 엄마 같은 담임선생님을 만나게 되었죠. 하루는 선생님이 저를 부르시더니 공부를 못 하는 아이가 아닌데 친구들과 노는 것만을 좋아하는 것 같다며, 매주 주말에 학교를 나오라고 하시는 거예요. 꼭 공부를 할 필요는 없고  나와서 책을 읽든, 놀든 자유 시간을 학교에서 가지라고 하셨는데 당시에는 별생각 없이 선생님의 말씀을 들었어요. 그런데 놀랍게도 선생님께서도 매주 주말 학교에 나와서 저와 함께 계셨어요. 처음에는 계획 없이 시간을 보냈는데, 주말마다 고정적인 일정이 생기니 친구들과 어울리기보다는 학교에 가서 무언가를 해야겠다는 생각이 들더라고요. 그때부터 공부를 열심히 하기 시작했던 것 같아요. 최선을 다해 공부한 결과 고등학교 입학시험에서 만점 가까운 점수를 받았어요. 성적이 너무 잘 나와서 커닝을 한 게 아니냐며 의심을 받을 정도였죠. 저도 몰랐는데 제 암기능력이 좋았나 봐요. 무엇이든 노력하면 된다는 것을 알게 된 소중한 경험이었어요.

Question 고등학교 시절은 어떻게 보내셨나요?

고등학교 1학년 때 큰 키 덕분이었는지 연극부에 들어오라는 제의를 받았어요. 처음 접했던 연극부 활동이 너무 재밌었어요. 신입생은 연기가 아닌 허드렛일을 도맡아 하는데도 말이죠. 점점 영화나 연극을 하고 싶다는 생각이 강해지기 시작했어요. 하지만 집에서는 제가 기자나 외교관이 되길 바라셨어요. 연기 쪽은 오히려 반대하셨죠. 나중에 알게 된 사실은, 어머니께서 제가 승무원이 되었으면 좋겠다는 생각도 하셨지만 당시에도 과정이 워낙 어려웠기 때문에 아예 권하지 않으셨다고 해요. 결국은 제가 어머니가 원하던 직업을 갖게 된 거나 마찬가지네요.

Question 대학 진학 준비는 어떻게 했나요?

어머니의 지속적인 반대로 결국 연극부는 탈퇴했고, 학교 성적이 부족했던 탓에 어머니의 권유로 실기를 함께 보는 대학의 사회체육학과를 권하셨어요. 매주 주말마다 농구 교습을 받으며 준비했는데 제가 원하던 곳이 아니어서 그런지 결과가 좋지 않았어요. 어머니가 계속 여러 대학과 학과를 추천해주셨지만 어느 것 하나 마음이 끌리는 것이 없더라고요. 그러다 4년제  대학이 모두 마감되고 전문대로 방향을 전환했을 때 서울예전을 알게 되었어요. 당시 서울예전 영화과는 무척 인기 많은 학교였기 때문에 어머니께 말씀드리니 별 기대하시지 않고 허락을 해주셨어요. 아마 떨어질 줄 아셨겠죠. 하지만 간절함이 통해서였을까요, 결국 합격해버렸죠. 그래서 지금도 인기 있는 유재석 씨를 비롯해 이휘재 씨, 신동엽 씨 등 유명 연예인들과 전공은 달랐지만 같은 학교에 다니게 되었답니다.

연기자가 될 준비를 하신건가요?

연기자가 되고 싶다기보다는 영화나 연극 분야 일이 하고 싶었던 것 같아요. 당시 모델이 될 기회도 있었는데 친했던 한 친구가 저 몰래 '모델라인'이라는 유명한 모델양성소에 지원서를 넣으면서 사건이 생겼지요. 하루는 집에 있는데 전화가 왔어요. 서류 합격되었다고요. 저는 그런 적 없다고 거절했지만 결국 설득에 못 이겨 별생각 없이 가게 되었어요. 당시에는 7차까지의 면접을 당일 모두 진행했는데 결국 합격을 했어요. '이런 신기한 일도 있구나!'라고 생각하며 3개월 정도 연습생으로 있다가 저의 적성에는 잘 맞지 않는 일인 것 같아 결국 그만두게 되었죠. 지금 생각해보면 당시에 참 좋은 경험을 했던 것 같아요. 좋은 자세며 걸음걸이, 어떻게 하면 더 예뻐 보이는지 끊임없이 연구하는 일이다 보니 승무원을 할 때도 많은 도움이 되었다고 생각해요. 그때는 참 어렸고 덕분에 이런 기회가 많았어요. 어머니의 권유가 있어서 미인대회도 자주 나갔고 좋은 결과를 낸 적도 있었지요. 이런 경험 덕분인지 영화에도 잠시 출현했고 리포터 생활을 하기도 했어요.

승무원에 도전한 계기는 무엇인가요?

우연히 엑스포 행사 도우미를 하게 된 적이 있어요. 그때 협찬사가 대한항공이었는데 도우미 교육을 대한항공의 교육담당자가 나와서 직접 해주셨죠. 이때부터 승무원에 대해 관심이 많이 생겼답니다. 특히 홍보 도우미들도 가끔 홍보용으로 촬영을 해요. 그때 승무원 시험을 한 번 보는 것이 어떻겠냐는 권유가 있었는데 자신이 없어서 많이 고민했어요. 하지만 그룹장님께서 계속 권유해주셨어요. 일하는 동안 성격이나 태도 등을 옆에서 계속 보시며 승무원이라는 직업이 저와 잘 맞는 것 같다는 말씀을 많이 해주셨거든요.

20년간의 생생한 비행 이야기

▶ 가족과의 여행 중 어머니와 친오빠

▶ 비행 후 숙소에서 한 컷

▶ 가족과의 여행 중 딸과 함께

Question 승무원 시험은 어떻게 보았나요?

시험 날이 지금도 생생하게 기억나요. 당시 서류가 통과되어 면접을 보러 갈 준비를 하던 시기였는데 갑자기 외할아버지께서 돌아가셨어요. 가족들과 시골에 내려갔다가, 면접은 봐야 하니까 혼자 서울에 올라왔는데 경황이 없어서 화장도 하지 않고 정말 촌스러운 정장에, 두 눈은 토끼처럼 빨개졌었거든요. 너무 꾸미지 않아서 눈에 띌 정도였죠. 당시에는 지금처럼 면접 복장에 대한 규정이 엄격하지 않아서 다들 한껏 예쁘게 꾸미고 오던 시절이었어요. 화장을 하나도 하지 않은 걸 보시고 외모에 자신이 있어 그런 거냐고 물으셔 어쩔 수 없이 상황을 이야기했고, 그 뒤로는 쉬운 질문 위주로 질문하셔서 떨어졌나보다 하고 생각하고 있었어요. 결과는 놀랍게도 합격이었죠. 결국, 체력테스트까지 왔는데 체력 측정하시는 분이 당시 워낙 마르고 키만 커서 약해 보이던 저를 보고 악력 테스트에 만점을 받으면 꼭 체력 테스트를 붙여준다고 농담까지 하실 정도였어요. 하지만 한때 사회체육학과를 준비할 만큼 체력이 좋았던 저는 오히려 쉽게 통과했어요. 최종 면접까지 갔을 때, 첫 면접에서 뵈었던 상무님께서 저를 기억하시더라고요. 대한항공에 들어올 준비가 되었는지 물어보셨어요. 나중에 최종 합격 후 상무님께서 왜 저를 뽑았는지 말씀해주셨는데 특이하고 밝은 모습이 예쁘게 보이기도 했고, 제가 궁금해서 뽑았다고 하셨던 기억이 나네요.

Question 합격 후 교육 기간은 어땠나요?

교육 기간 동안은 정말 힘들었죠. 특히 안전 교육 때 '샤우팅(shouting)'이라고 하는 소리를 지르는 훈련이 있는데, 목소리를 크게 해서 사람들을 대피시키는 훈련이에요. 불이 꺼진 상태에서는 사람 목소리가 방향이 되기 때문입니다. 한번 하고 나면 늘 목이 쉬어서 다들 목소리가 바뀌죠. 비상탈출 훈련도 동작과 함께 여러 외국어로 대피 안내를 함께 해야 해서 늘 힘들었어요. 참고로 안전이나 체력테스트는 입사 때만 보는 것이 아니라 입사 후 근무할 때도 1년에 한 번 정도 지속적으로 실시합니다. 서비스 교육은 평소 해보지 않던 것을 새롭게 배우고 연습하는 것이다 보니 역시 익숙하지 않아 힘들었고요.

새로운 일이니 당연히 처음에는 힘들었어요. 특히 저는 다양한 경력 덕분에 타스크팀(task force team: 특정한 목표달성을 위해 맞게 별도로 꾸려진 팀)에 속해 당시 대한항공에서 진행하던 스마일 페스티벌에서 활동할 기회를 얻었지요. 개인적으로는 페스티벌에 출전하는 것보다 스텝으로서 일하고 싶어서 행사를 준비하고 운영하는 일을 했는데 너무 재밌었어요. 대신 비행보다 스텝 업무를 더욱 많이 하다 보니 다른 친구들이 비행에 익숙해질 때, 저는 비행을 가끔 가다 보니 실수를 자주 해서 혼도 많이 났어요. 너무 자주 실수하니까 이래서는 안 되겠다는 생각이 들었죠. 스스로도 힘들었지만 선배들에게 혼도 많이 났고, 성격상 대충하는 것을 좋아하지 않았거든요. 그래서 보통 신입 때는 '갤리(galley)'라고 부르는 주방을 맡는 데 쉬는 시간에도 갤리에 혼자 남아서 서비스하는 연습을 했어요. 실수했던 것들을 다시 해보고 혼자 과일도 깎아 보고 스테이크도 다시 익히면서 휴식시간을 모두 연습 시간으로 활용했죠. 연습이지만 기내에서 하는 거랑 집에서 하는 거랑 또 다르거든요. 연습을 하다 보니 어떻게 하면 더 잘할 수 있을지, 편하게 할 수 있을지 계속 연구하고 익히게 되었고 결국 나만의 노하우가 생겼답니다. 그러니 선배들이 자연스럽게 저를 인정해주고 예뻐 해주셨어요. 재미있는 사실은 일이 손에 익으면서 점점 재미를 알아갔다는 거예요. 이후 사무장이 되면서 직급이 오르는 만큼 경력도 쌓이니까 비행업무를 총체적으로 알게 되었답니다. 다른 공간에서 무슨 일이 일어나고 있는지 안 봐도 알겠더라고요. 이때부터 정말 일이 더 재미있어졌어요. 노하우가 쌓이고 스스로의 업무에 자신감도 생기고요.

매일 목표로 하던 것이 두 가지가 있었어요. 하나는 불만고객에게 칭찬 듣기, 다른 하나는 아픈 사람을 건강하게 만들기였죠. 제가 환자를 치료하는 의사는 아니지만 좋은 서비스와 관심은 정말 고객의 컨디션을 회복시킨다는 걸 비행하면서 몸소 느꼈었거든요. 한 번은 불만고객의 컴플레인을 듣다가 친해지게 돼서 이야기를 나눴는데 무려 4시간 동안 이야기를 들어드린 적도 있었답니다.

Question 승무원으로 일하며 힘든 것은 무엇인가요?

승무원이 겉으로 보면 화려해 보이지만 실제 업무는 철저한 서비스와 안전 업무이기 때문에 때론 몸과 마음이 지칠 때가 많아요. 그럴 때 중요한 것이 바로 프로 의식이라고 생각해요. 스스로 평범한 서비스라고 생각하면 결국 다른 서비스업 무와 다를 게 없어서 더 힘든 일에 몸과 마음이 더욱 많이 지치거든요. 내가 이 비행기의 모든 서비스와 안전을 책임진 사람이라는 자부심을 가지고 프로의 의식으로 일을 사랑해야 주인의식도 생기며 업무를 할 때 마음 가짐도 좋아지는 것 같아요.

Question 승무원 생활시 업무를 익히는 것 외에도 중요한 것이 있나요?

비행은 동료들 간 팀워크가 정말 중요한 일입니다 혼자서는 할 수 없는 일이거든요. 배려하는 마음을 가지는 것이 정말 중요하답니다.

비행 중 특히 힘들었던 경험이 있었나요?

경력이 길다 보니 이런 일이 정말 많은데, 한번은 주니어 시절 LA에서 한국으로 오던 비행 때였어요. 이륙 후 얼마 지나지 않아 한 아이가 쓰러졌어요. 의사는 없었지만 다행히 승객 중에 의료관계자가 있어서 간단히 봐주셨는데 뇌 쪽에 이상이 있다는 소견이 나왔죠. 그때 식사서비스가 한창 진행될 무렵이라 정말 정신없이 바쁜 시간이었어요. 하지만 아이의 생명을 위해서 비행기를 가까운 공항에 착륙시키기로 결정하고 기내 정리를 하는 데 비즈니스석 마무리가 걱정되었죠. 워낙 식기류도 많고 승객들과의 관계도 중요해서 굉장히 정중하고 조심스럽게 서비스를 마무리해야 하지만 비행기를 착륙시키려면 몇 분 안에 모든 비즈니스 승객의 식사를 정리해야 하는 상황이었어요. 결국, 선배의 결단으로 큰 봉투를 구해와 모든 식기류를 산타할아버지의 선물 보따리처럼 다 쓸어 담고 바로 착륙 준비를 했죠. 다행히 승객들도 양해해주셨지요. 당시 한 아나운서분이 비즈니스석에 있었는데 오히려 칭찬하는 글을 써주셨어요. 사랑의 불시착이라는 제목으로 신문기사가 나기도 했고요. 서비스도 중요하지만 상황에 따라 우선순위를 정해서 일하는 것도 중요하답니다.

기억에 남는 승객이 있나요?

그럼요. 비행기에는 참 다양한 승객분이 타시는데 한번은 중학생 정도 되어 보이는 여학생이 비행 중에 계속 울고 있었어요. 처음에는 배려 차원에서 그냥 모른 척 했지만 울음이 너무 길어져서 걱정되는 마음에 자리에 가보았죠. 알고 보니 어머니가 돌아가셔서 아버지와 함께 한국으로 가던 중이었던 거죠. 너무 안쓰러워서 먹지 않으려는 밥을 먹이고 간식을 챙겨주고 이야기를 참 많이 했어요. 나중에 아이가 전화번호를 꼭 받고 싶어 해서 연락처를 주었는데 이후 종종 연락하고 밥도 먹었죠. 시간이 꽤 지나서 좋은 회사에 입사하게 되어 참 많이 기뻐했어요. 아쉽게도 지금은 연락이 끊겼지만 지금도 가끔 생각나요.

Question 특별히 고마웠던 승객분이 있나요?

한번은 기류 때문에 비행기가 흔들려서 손님 옷에 과일주스를 쏟았던 적이 있었어요. 당시 제가 너무 놀라기도 했고 워낙 사무장님께 많이 혼나던 시기라 또 '혼나겠구나.' 생각하며 저도 모르게 죄송하다는 말씀을 너무 많이 드렸나 봐요. 승객분께서 제가 안쓰러웠는지 지나가던 사무장님께 제가 아닌 본인의 실수로 쏟은 거라며 오해하지 말라고 해주시는데 어찌나 감사하던지요. 이것 말고도 정말 좋은 승객분들이 참 많답니다. 재미있었던 일도 참 많은데요. 가끔 국내선을 타면 할머니, 할아버지들이 단체관광을 위해 많이 타셔요. 참고로 착륙 후 목적지에 도착해서 공항으로 들어가려면 크게 2가지 방법이 있는데 하나는 바로 연결된 통로를 통해 도보로 가는 방법이 있고, 하나는 공항버스를 타고 가는 경우도 있거든요. 이날은 비행기 착륙 위치상 공항버스를 이용해야 했었는데 모든 승객분이 내리시고 승무원들도 뒷정리를 하고 비행기에서 내렸는데 그 어르신들이 안 가고 계속 비행기 앞에 서 계시더라고요. 알고 보니 본인들이 대절하신 버스가 아니라며 계속 기다리고 계신 거였어요. 결국 잘 말씀드리고 함께 공항으로 이동했던 적도 있었죠. 그리고 어떤 할아버지 한 분은 신문을 요청하셔서 가져다 드리니 손에 500원짜리 동전을 하나 쥐여 주셨어요. 제가 괜찮다고 무료라고 말씀드리니 팁이라며 웃으시며 주신 적도 있었고요.

Question 승무원의 업무 중 우리가 모르는 업무가 있나요?

비행기를 자주 이용하지 않는 분이나 청소년들은 면세품 판매에 대해 잘 모르더라고요. 세금이 없거나 혹은 저렴한 가격에 물품을 사는 것인데 면세점뿐 아니라 기내에서도 구매할 수 있답니다. 물론 판매업무도 승무원들이 처리하고요. 승무원의 또 다른 업무죠. 면세품에 대해 설명해드리니 또 한 가지 재미있는 에피소드가 기억나네요.

한 고객분이 미백 기능성 화장품을 구매 요청하셨죠. 면세판매는 선배와 후배가 1:1로 함께 팀을 이루어 일을 하기 때문에 주문이 들어오면 후배에게 준비해달라고 요청해요. 귓속

말로 "XX브랜드 화이트닝(화장품)"이라고 전하자 후배 사원이 갑자기 손을 번쩍 들며 "선배님도 파이팅!"이라고 한 적이 있어요. '화이트닝'을 '파이팅!'이라고 잘못 들은 거죠. 하하. 비행 중 소음 때문에 일어난 실수였는데 이 이야기는 정말 모르는 승무원이 없을 정도로 유명해졌어요.

Question 긴 비행 후 퇴사를 결정한 이유는 무엇인가요?

20년을 비행하고 퇴사하는 것은 정말 쉽지 않은 일이었어요. 하지만 가장 큰 이유는 어머니 때문이었던 것 같아요. 첫 비행 날부터 어머니의 배웅으로 시작했고, 함께 여행도 참 많이 다녔거든요. 그래서 저는 비행을 하면 엄마가 참 많이 생각나요. 그래서 어머니가 돌아가시면서부터 더 이상 비행을 하고 싶지 않더라고요. 비행이 싫었다기보다 아마 심적으로 많이 힘들어서 그랬겠지만, 비행기에 있는 시간이 참 힘들고 슬펐어요.

▶ 유니폼이 아닌 편안한 옷을 입고

지상에서
시작하는
제2의 비행

▶ 새로운시작, 크루킷로고

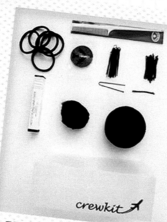

▶ 크루킷 판매 상품

현재는 어떤 일을 하고 계신가요?

저는 사회생활의 대부분을 승무원으로만 살았잖아요. 퇴사할 때도 다른 일을 하고 싶어서가 아니었기 때문에 정말 걱정이 되더라고요. 할 줄 아는 게 없었거든요. 아는 것이 오로지 비행밖에 없어서 고민하던 시기에 친구의 제안으로 이 일을 시작하게 되었어요. '승무원에 대해서 나만큼 아는 사람이 있을까? 그 승무원에게 꼭 필요한 물건을 더욱 편리하게 구할 수 있도록 해보자!'라는 생각이 들어서 준비했고, 지금은 승무원 준비생들에게도 소문이 많이 났어요. 성격상 대충대충 하질 못 해서 직접 공장을 돌아다니고 하루 종일 연구해서 더 좋은 상품을 만들었죠. 또 저렴하게 공급하고 싶어서 고생도 많이 했지요. 승무원들에게 꼭 필요하지만 없는 물건은 직접 개발하기도 하고요. 지금은 좋은 품질에 가격까지 저렴해서 자리를 많이 잡았어요. 이제 더 많은 사람을 만날 일만 남았죠.

Question **크루킷에서 판매하는 제품은 무엇인가요?**

승무원들에게 꼭 필요한 문구류 및 기내 필수품을 모은 키트부터 단정한 헤어스타일을 연출할 수 있는 가발, 면접 복장, 악세서리와 잡화 등 승무원들과 승무원을 준비하는 친구들에게 필요한 물품만을 선별해서 판매하고 있답니다.

Question **현재 하고 계신 '크루킷'을 운영하면서 기억에 남는 일이 있나요?**

한 번은 일요일에 문의가 들어왔어요. 사실 주말은 게시판 상담을 하지 않지만 마침 제가 게시판을 보고 있기도 했었고 주말에 문의한 친구의 급한 마음도 걱정되어서 상담을 해주었죠. 면접을 준비 중이던 친구여서 결국 사무실로 초대해 인사나 자세, 면접내용에 대해 직접 알려주기도 했어요. 결국, 시험을 잘 보았다고 고맙다며 문자가 왔는데 승무원을 꿈꾸는 친구들을 보면 왠지 후배 같기도 하고 마음이 늘 짠해서 도와주고 싶더라고요.

Question 앞으로의 계획은 무엇인가요?

지금 하고 있는 일을 좀 더 발전시키고 싶어요. 승무원들은 정말 바쁘고 또 쉬는 날에도 필요한 물건을 쇼핑하기보다는 휴식이 더 간절하거든요. 그 필요에도 공감하고 또 제가 잘 아는 일이라 그런지 지금의 일을 발전시키는 것이 정말 뿌듯하고 행복해요.

Question 자녀가 승무원을 꿈꾼다면 추천하실 건가요?

만약 제 딸이 한다면 적극적으로 권할 것 같아요. 저 역시 비행하는 동안 좋은 동료와 선배, 고객분들과 함께할 수 있어 무척 행복했어요. 어머니가 돌아가시지 않으셨다면 저도 계속 승무원으로 남았을 거예요.

Question 마지막으로 친구들에게 하고 싶은 말씀이 있다면요?

저는 하루하루 행복한 삶을 사는 걸 중요하게 생각해요. 늘 어제보다 오늘이 +1만큼 더 행복하달까요. 혼자만의 주문으로 아침마다 '나는 예쁘고 행복하다!'라고 외치고 있답니다. 승무원이 되고 싶다면 먼저 자기 자신을 사랑하세요. 나 자신을 사랑해야 다른 사람에게도 자연스럽게 그 사랑을 나눠줄 수 있거든요. 우리 친구들 모두 자신을 사랑하는 멋진 승무원이 되길 바랍니다.

내성적인 성격으로 조용한 학창시절을 보내던 중 우연히 드라마를 통해 만난 직업인 승무원을 꿈꾸게 되었다. 콤플렉스였던 덧니 때문에 도전을 주저했지만 부모님 가게 일을 도와드리던 중 한 손님으로부터 자연스러운 미소에 대한 칭찬을 듣게 되었고, 세세한 생김새보다 아름답고 편안한 미소가 먼저라는 것을 깨닫게 되었다. 자신감을 얻어 승무원이라는 꿈을 이루기 위해 부산지역대학 내 항공과에 입학하여 체계적인 준비를 했다. 영어 및 시사, 체력단련을 통해 필수적인 조건들을 하나씩 달성하여, 노력 끝에 대학 2학년 시절, 아시아나 국내선 전담승무원에 도전하여 바로 합격할 수 있었다. 당시 학기 중 입사하여 최연소 승무원으로 비행을 시작하는 특별한 경험을 하기도 했다.

건강상의 이유로 길게 비행할 수 없었지만, 승무원 생활 이후 꿈을 찾기 위해 도전한 다양한 서비스, 비서직 등의 풍부한 경험을 통해 현재는 내면의 아름다움을 표현할 수 있도록 도와주는 면접이미지 컨설팅을 하고 있다.

로즈면접이미지 대표
김선미

- 현) 로즈면접이미지 대표
- 전) 아시아나항공 국내선 객실승무원
- 2008년 영남에어 입사
- 2004년 아시아나 국내선 승무원 3기 입사
- 2004년 부산여대 항공과 졸업

승무원의 스케줄

김선미
아시아나항공
승무원 시절의
하루

13:30pm 부산 김해국제공항 기준 일과랍니다

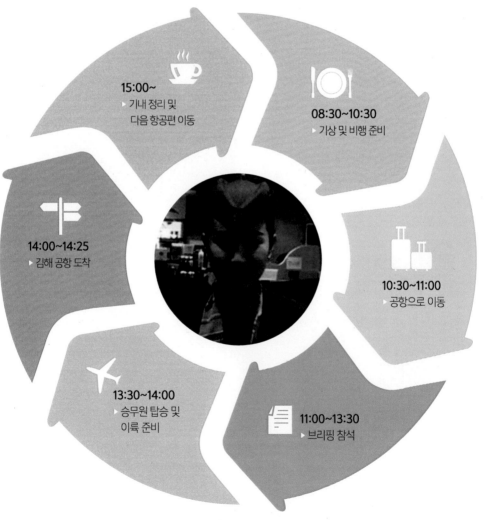

15:00~
▶ 기내 정리 및
다음 항공편 이동

08:30~10:30
▶ 기상 및 비행 준비

14:00~14:25
▶ 김해 공항 도착

10:30~11:00
▶ 공항으로 이동

13:30~14:00
▶ 승무원 탑승 및
이륙 준비

11:00~13:30
▶ 브리핑 참석

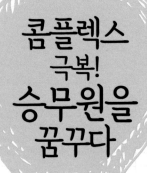

콤플렉스
극복!
승무원을
꿈꾸다

▶ 일상의 모습

▶ 어린 시절의 모습

Question 학창시절에는 어떤 학생이었나요?

내성적이고 말수가 없는 학생이었어요. 낯가림도 정말 심했고 소심하지는 않았는데 속내를 잘 드러내지 않는 편이었답니다. 공부를 안 한 것은 아니고 오히려 열심히 하는 편이었는데도 그만큼 성적은 안 나와 아쉬워했었죠. 그래서 학창시절에는 자존감이 많이 낮았어요. 울기도 참 많이 울었었는데 성격상 친구들에게 공부하는 방법을 물어볼 줄도 몰랐었지요.

Question 대학시절은 어떻게 보내셨나요?

저는 좋아하는 것은 열심히 하는데 싫은 건 절대 못 하는 성격이에요. 특히 레포트 쓰는 것이 참 어렵더라고요. 철없는 행동이었지만 싫어하는 과목은 레포트를 아예 안 낸 적도 있었답니다. 대신 다른 과목을 더 열심히 하자는 생각은 있어서 대부분의 과목들은 A 이상 받았어요. 저는 전문대학을 나왔는데 2학년 때 바로 항공사에 합격해서 특별히 대학시절에 추억은 크게 없어요. 대학 시절 내내 거의 승무원이 될 준비를 했죠. 주로 영어나 시사상식 공부그리고 운동을 많이 했어요.

Question 승무원을 하게 된 계기는 무엇인가요?

부모님의 권유가 있었어요. 고등학교 때 '짝'이라는 드라마가 유행했었는데 주인공이 승무원이어서 많은 사람이 승무원이 되고 싶어 했어요. 관련 학과나 정보들이 많아서 저도 알아볼수록 저와 잘 맞을 거라는 생각을 했었고요. 하지만 자신감이 부족해서 도전에 대해 망설이고 있었어요. 그러던 어느 날 부모님이 운영하시는 가게에서 일을 도와드리고 있는데한 손님이 명함을 주시며 미스코리아에 나가 볼 생각이 없냐며 권유하셨어요. 덧니가 있어서 외모에 조금 콤플렉스가 있었는데, 그분의 권유가 자신감이 생기는 계기가 되었어요. 사람들은 웃는 모습이 예쁘거나 인상을 더욱 중요하게 생각하지 덧니 같은 사소한 것들은 크게 신경 쓰지 않는다는 것도 알게 되었고요. 연예계에는 관심이 전혀 없어서 결국 거절했지만 덕분에 미소가 중요한 승무원에 도전하고 싶은 마음이 생겼답니다.

Question 서류과정은 어떻게 준비했나요?

3월에 공채가 시작되는데 당시에는 아시아나 국내선 전담 신입 승무원 공채가 있었어요. 국내만 다니는 거죠. 사회 경험이 많이 없었기 때문에 서류는 교수님께 주로 도움을 받았고 다행히 같은 꿈을 꾸는 친구들이 많아서 친구들의 도움도 받았어요.

Question 면접은 어떻게 진행되었나요?

운 좋게 서류가 통과되고 면접 일정이 잡혔는데 당시 부산의 한 호텔에서 면접을 봤었죠. 8명이 한 번에 봤는데 저는 8번, 가장 마지막이었어요. 당시 아찔했던 기억은 제가 긴장하면 화장실에 가는 버릇이 있는데 면접시간이 5분 남은 상황에서 또 신호가 온 거예요. 앞 팀이 빨리 끝나면 5분 안에도 면접장에 들어가게 될 수 있어서 어떻게 할까 고민하다가 어차피 이 상태로 면접을 보면 정말 떨어질 것 같아서 시원한 마음으로 보자 싶어 부리나케 화장실을 다녀왔지요. 마침 다녀오자마자 바로 입장하던 타이밍이어서 다행히 늦지는 않았어요.

면접 질문은 무엇이었나요?

간단한 자기소개나 취미, 스트레스를 어떻게 푸는지 등의 질문을 해주셨어요. 저는 면접에 대해서는 거의 준비를 하지 않았는데, 평소 제 자신에 대해 확실히 이해하고 있었기 때문에 당차게 대답할 수 있었어요. 나는 어떤 사람이고 어떤 것들을 좋아하고 또 싫어하는지에 대해 끊임없이 생각했던 것이 많은 도움이 되었어요. 그런데 지원자들의 연령이 거의 비슷하기 때문에 답변도 비슷했죠. 대학생이거나 막 대학을 졸업한 친구들이 경험이 많다면 얼마나 많겠어요. 결국은 표정과 목소리, 인성인 것 같아요. 면접 볼 때 난감했던 게 8번이다 보니 어떤 질문이 들어와도 늘 앞에서 제가 할 수 있는 대답은 이미 다 나오는 거예요. 그래도 표정이나 목소리만큼은 정말 자신감 넘치는 느낌을 주려고 많이 노력했어요. 특히 한 면접관님이 계속 저를 쳐다보시지 않아서 조금 마음이 흔들릴 뻔도 했지만 이런 것에 휘둘리면 안 된다는 생각으로 끝까지 밝은 표정을 유지했죠. 이미 승무원이라는 마음가짐을 가지고 면접을 봤는데 좋은 마인드컨트롤 방법이었던 것 같아요.

2차 임원면접은 어떻게 준비했나요?

다행히 1차를 통과하고 2차를 준비할 때, 교수님께서 체력테스트를 준비하라며 미리 윗몸일으키기 기구를 준비해 줄 정도로 많이 응원해주셨어요. 당시 영어공부를 열심히 하긴 했었지만 다른 사람들과 비교해서는 조금 부족했었답니다. 하지만 지금 내 나이에 외국을 다녀온 것도 아닌데 영어를 못하는 게 당연하다는 생각으로 편하게 면접을 준비했지요. 그리고 꾸며내기보다는 모르는 건 모른다고 이야기하고 솔직한 모습을 보여드리자고 생각했어요. 요즘에는 어느 정도 훈련이 된 모습을 선호하는 경우도 있지만 그건 면접마다 다른 것 같아요. 그래도 끝까지 이미 승무원이라는 마인드만은 놓치지 않으려고 했어요.

Question 임원 면접 때 기억에 남는 에피소드가 있나요?

1차와는 다르게 임원면접 때는 제가 가장 먼저 면접을 봤어요. 그러다 보니 가장 먼저 들어가서 가장 나중에 퇴장을 했는데, 당시 면접자들이 퇴실하고 나면 면접 담당자분이 문을 닫아 주셨거든요. 그런데 마침 제가 퇴장할 때 그분이 일이 있으셨는지 안 계시는 거예요. 순간 짧은 시간이었지만 머릿속에서 많은 생각을 했어요. '나갈 때는 문을 닫는 것이 맞고, 그렇다면 도우미분이 없어도 가장 마지막에 나가는 내가 닫아야 하는 것이 맞겠다'는 생각이 들어서 뒤로 돌아 문을 닫고 목례까지 했었죠. 지금도 기억나는 게 그때 우리 면접 조가 나갈 때까지 임원분이 보고 계셨었는데 저랑 눈이 마주쳤답니다. 지금 생각해보면 그때 좋은 이미지를 남긴 것 같네요.

Question 체력테스트는 어땠나요?

아버지가 주말마다 저희를 데리고 약수터에 가셨었어요. 그리고 '시민 걷기 대회'가 열릴 때면 꼭 온 가족이 총출동해야 했어요. 어릴 때는 참 싫었지만, 이런 습관들이 모여서 체력은 자연스럽게 단련이 되었죠. 유연성 연습은 집에서 자주 했었고, 또 고등학교 시절에는 체육부장을 했었답니다.

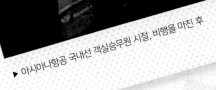

**최연소
승무원의
비행 이야기**

▶ 아시아나항공 국내선 객실승무원 시절, 비행을 마친 후

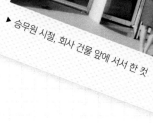

▶ 승무원 시절, 회사 건물 앞에 서서 한 컷

Question 당시 최연소로 입사할 수 있었던 이유는 무엇이었을까요?

아시아나 승무원 면접뿐만 아니라 그 뒤로 여러 가지 일을 경험하면서 거의 면접에서 떨어져 본 적이 없었어요. 그 이유는 바로 자신감입니다. 자신감의 근원은 바로 끊임없는 자기 질문이었답니다. 스스로에게 항상 '왜?' 라는 질문을 던지곤 해요. 그리고 납득할 만한 답을 찾아야만 하죠. 이런 식으로 늘 명쾌하게 나에 대해 알아가고자 노력했고 그런 노력이 쌓여 자신감으로 표출되었다고 생각해요. 특히 면접 때 질문의 답에 다시 질문하는 압박형 면접인 소위 '꼬리 질문'이 있는데 이러한 자기 질문이 단련되어 있으면 힘든 면접 상황에서도 자신의 정신력을 유지하며 끝까지 여유롭게 답할 수 있답니다.

Question 입사 후의 교육은 어땠나요?

교관님께 참 많이 혼났던 기억이 나네요. 당시 국제선은 3개월, 국내선은 2개월간 교육을 받았는데 첫 달에는 안전, 둘째 달에는 서비스에 대해 교육을 받았습니다. 몸으로 하는 건 그래도 괜찮았는데 매일 매일 처음 듣는 지식에 대해 외우는 것이 정말 고역이었어요. 인공호흡법은 기본이고 혼수상태 치료 방법, 비행원리나 외국어도 배운답니다. 심지어 평소 사용하던 단어들도 기내에서는 다른 용어로 불리는 경우가 많아요. 주방은 갤리(galley), 휴식 공간은 벙커(bunker) 등 모든 용어들이 낯설고 분량도 무척 많아서 매일 시험 준비를 하느라 울면서 잠들었죠.

자취를 하고 있었기에 식사도 제대로 못 하고 아침에 일어나는 것도 힘들었어요. 게다가 교육 중에도 단정한 복장과 외모를 해야 했고 출근 시간보다 일찍 가서 인사연습도 해야 했기에 거의 새벽 5시에 일어나서 하루를 시작한 것 같아요.

Question 교육생 생활을 할 때 가장 중요한 것은 무엇인가요?

자기관리가 가장 중요하다고 생각해요. 과제나 시험 등 어느 것 하나 여유롭게 할 수 있는 분량이 아니거든요. 외적인 부분도 소홀히 할 수 없거든요. 특히 손톱이나 화장까지 규정이 있으니까요. 이러한 것들을 지키는 것은 결국 자기관리의 힘에서 나오는 것 아닐까요?

Question 교육 시 복장은 어떻게 입나요?

규정에 맞는 화장이나 손톱은 물론이고 복장도 중요합니다. 첫 달은 약속된 정장을 입고 출근하고 둘째 달은 유니폼을 입어요. 매일 세탁하는 것도 힘들어서 세탁소의 도움을 받았답니다.

Question 교육 때 기억에 남는 일은 무엇인가요?

한 번은 시험을 못 쳐서 '빽빽이'라는 자필 공부노트를 25장을 써야 했어요. 지금 생각해 보면 다시는 못 할 것 같은데 그때는 오기로 했었죠. 처음 한두 장은 그럭저럭 써 내려 갔는데 세 장, 네 장 장수가 늘어갈수록 눈물도 나고 팔도 떨려오더라고요. 눈물을 펑펑 흘리며 빽빽이를 하는데 정말 당장 짐을 싸서 집으로 돌아가고 싶은 마음뿐이었죠. 정말 악으로 버티고 버텨서 동이 틀 때까지 작성을 하고 회사로 가니 교관님이 놀라시더라고요. 그때가 정말 힘들었던 것 같아요.

그리고 저뿐만 아니라 정말 모든 교육생들의 허벅지가 멍으로 가득했어요. 무척이나 졸리거든요. 특히 식사 후에는 더욱 그렇죠. 부끄럽지만 한번은 너무 졸려서 꾸벅하고 졸다가 의자에서 떨어질 뻔한 적도 있었답니다. 그래도 당시 가장 어렸었기 때문에 동기 언니들이 참 많이 도와줬어요. 모닝콜도 해주고 가끔 식사 초대를 해주기도 하고요.

신입 승무원 시절 기억에 남는 에피소드는 무엇인가요?

소소한 실수는 말할 수 없이 많았지만 한 번은 기내방송 중 제가 목적지를 잘못 말한 적이 있었어요. 다행히 큰 탈 없이 정정방송을 하고 넘어 갔지만, 하마터면 아수라장이 될 뻔했지 뭐예요.

또 한 번은 데몬스트레이션(Demonstration: 기내 안전을 위해 구명조끼 등의 사용을 알리는 방송) 시에 제가 한참 시연을 하던 중이었는데, 앞에 앉아 있는 승객분이 계속 본인의 입을 가르치시는 거예요. 처음에는 무슨 말인지 모르기도 했고 안전 장비 설명을 해야 해서 시연에 집중했는데 데몬스트레이션이 끝나고 확인해보니 치아에 빨간 립스틱이 가득 묻어 피가 난 것처럼 되어있더라고요. 어쩌나 부끄럽던지. 지금은 대부분 붉은색은 틴트 타입의 립스틱을 쓰기 때문에 이에 잘 묻지 않아서 이런 일이 거의 없는데 당시에는 흔한 일이기는 했죠. 신입 사원들은 빨간 립스틱이 규정이었거든요. 어쨌든 비행 중에도 부끄러움이 가시지 않아 서비스 중에도 그분의 눈을 쳐다보지 못했던 기억이 납니다.

아시아나항공 유니폼만의 특징이 있나요?

승무원의 유니폼은 외관상으로도 항공사마다 차이가 두드러지죠. 특히 아시아나는 유니폼에 모자가 포함되어있는데 걷거나 활동 중에는 무조건 착용을 해야 합니다. 불편할 수도 있지만 좋은 점은 자세가 흐트러지면 모자가 흘러내릴 수도 있어서 늘 바른 자세를 유지하게 도와주는 역할도 한다는 점입니다. 간혹 친구들이 궁금해하는 것 중 한 가지가 모자에 핀이나 고정할 수 있는 장치가 있는지 물어보는데 없습니다. 하지만 머리에 잘 맞도록 제작되어있어 자세만 바르다면 흘러내리거나 크게 불편하지 않으니 걱정하시지 않으셔도 됩니다.

Question 업무 중 꼭 지켰던 자신과의 약속이 있다면 무엇인가요?

계속 자취를 하던 시기여서 많이 외롭고 몸도 안 좋아졌어요. 하지만 절대 비행기에서는 아픈 모습을 보이지 말아야겠다고 다짐했죠. 비행기뿐만 아니라 공항에 들어서는 순간부터 말이죠. 누군가 나를 봐도 아프거나 혹은 피곤해 보인다는 말을 듣고 싶지 않았던 것 같아요.

Question 승무원에 적합한 자질이나 성향이 있나요?

기본적으로 부정적인 성향을 가진 사람은 힘들 것 같네요. 때론 비판적인 것도 좋은 점이지만 새로운 것들에 대해 수용하는 마음이 부족한 사람들은 일을 할 때 많이 어려워요. 그리고 인성이 정말 중요해요. 예를 들어 수업을 하고 있는데 하품을 하거나 핸드폰을 만지는 모습처럼 평소에 예의나 매너를 길러주지 않으면 면접 때 모두 드러난답니다. 분위기가 느껴진달까요. 특히 요즈음에는 이미 실력을 많이 갖추고 면접에 오기 때문에 결국에는 내면을 보고 평가를 할 수 있도록 더욱 깊이 있는 질문을 한답니다.

저는 선천적으로 기관지가 약했어요. 특히 고막 쪽이 약하단 것은 나중에 알게 되었죠. 이런 부분은 사실 검진을 통해 잘 나오는 부분이 아니어서 당시에는 문제없이 입사를 하고 비행을 시작했는데 계속 고도가 높은 비행 일을 하다 보니 결국 고막에 문제가 생겨서 더 이상 비행을 계속할 수 없었답니다. 그때 참 많이 울었던 것 같아요. 어린 시절부터 꿈꿔온 승무원이라는 꿈을 이루었는데 계속하지 못한다는 사실이 그때는 정말 정신적으로 많이 힘들었었고 또 어린 나이에 어떤 새로운 일을 해야 할지도 많이 고민했답니다. 너무 안타깝게 퇴사를 하게 되었어요.

▶ 승무원 수업 중

이미지메이킹
전문가가
되다

▶ 승무원 수업 중

▶ 사무실에서 한 컷

승무원을 준비하는 친구들을 가르치고 있어요. 그리고 이 일을 하기 전에 새롭게 출범하는 항공사에 다시 입사를 하기도 했지만 아쉽게도 출범 전 항공사가 없어져서 속상했던 적도 있었고요. 그리고 일반 사무직과 비서, 행사를 진행하는 일도 하는 등 정말 많은 일을 경험하고 지금의 일을 선택했어요.

Question **직업을 선택할 때 중요하게 생각하는 점은 무엇인지 궁금해요.**

직업을 고를 때 돈이 많은 것도 좋지만, 여러 가지 일을 해보니 급여가 높을수록 그만큼 일도 많고 고되다는 것을 알게 되었답니다. 물론 즐거운 일도 있지만 돈만 생각하게 된다면 포기해야 하는 것이 생기게 되죠. 자신을 돌보는 삶을 살기 어렵거나, 가족과의 시간을 보내고 취미 생활을 하기 어려울 때가 많아요. 결국 각자의 행복을 위해 살아가고 직업을 구하는 것

이기 때문에 어떤 삶을 사는 것이 본인에게 더 행복한지 결정하는 것이 중요합니다. 저는 소소한 일상의 소중함을 느끼는 것을 큰 행복으로 생각하며 사는 편이라 비 오는 날 마시는 한 잔의 커피나 친한 지인들과의 만남을 자주 즐기려고 한답니다. 본인이 좋아하는 삶이 무엇인지 고민해보고 알아가 보세요. 저 역시 일반 사무직부터 각종 행사의 사회자나 임원 비서, 그리고 의원님의 이미지를 컨설팅하는 일을 한 적도 있었는데 하나씩 경험해가면서 제가 어떤 일을 할 때 그 일을 잘하고 행복을 느끼는지 찾으려고 많이 노력했습니다.

Question 가르쳤던 학생 중에 기억에 남는 학생이 있나요?

제게 오는 첫날부터 '승무원이구나!'라는 생각이 들던 친구가 있었어요. 일상이 승무원이 랄까요. 처음에는 제가 선생님이라 그런 행동을 한 줄 알았는데 몇 개월 동안 함께 준비하면서 그 모습이 단 한 번도 흐트러진 적이 없었답니다. 항상 미소와 예의 바른 모습을 하고 있었는데 아니나 다를까 결국 합격했지요. 흔히 말하는 '스펙'은 오히려 낮았었지만 말이에요. 면접관분들이 정확히 알아보신다는 것을 다시 한 번 느끼게 되었죠.

Question 다음 단계의 꿈은 무엇인가요?

조금 더 많은 사람들을 만나고 싶어서 준비 중에 있답니다. 예비승무원들과 함께 하는 것도 좋지만 참 많은 사람들이 이미지나 목소리에 대해 많이 고민하고 있다는 걸 알게 되었어요. 그래서 면접을 준비하는 분들이나 일상생활에서 도움을 받고자 하는 분들에게 이미지 메이킹이나 보이스 트레이닝 과정을 함께 하고자 합니다. 특히 지방에 사는 분들은 서울까지 가서 교육을 받는 게 큰 부담이잖아요. 그 시행착오를 제가 겪었으니 다른 분들은 조금 더 쉽게 배울 수 있도록 하고 싶은 게 앞으로의 저의 비전입니다.

Question 승무원이라는 직업을 추천하고 싶으신가요?

적극 추천하고 싶어요. 승무원은 일하면 할수록 자기 자신이 더욱 멋지게 변하는 것 같아요. 입에 쓸수록 몸에 좋다는 말처럼 교육이나 비행은 힘들기도 하지만 정말 남는 것이 많은 직업이랍니다.

Question 마지막으로 승무원을 준비하는 친구들에게
하고 싶은 말씀은 무엇인가요?

'겁내지 마라!'는 말을 꼭 해주고 싶어요. 무엇을 도전하든 겁
내지 않고 본인의 한계를 긋지 않았으면 해요. 스스로 마음에
선을 그어두면 결국 그것밖에 이루지 못하거든요. 때론 부딪혀
보아도 실패하게 되는 경우도 있겠지만, 그것보다 도전하지 못
한 것이 시간이 지나면 더 큰 후회로 남는답니다. 인생은 마라
톤처럼 길잖아요. 100m 달리기가 아니랍니다. 멀리 보시고 많
이 도전하는 우리 친구들이 되길 기대해요.

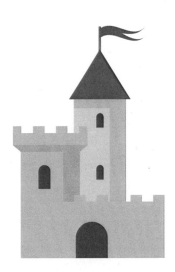

모범생이었던 학창시절을 지나 자신만의 꿈을 찾기 위해 지속적인 아르바이트로 흥미와 적성을 확인하며 승무원이라는 길을 찾았다. 남성승무원에 대한 정보가 무척이나 적어 준비과정이 힘들었지만, 서비스업에 대한 이해와 경험, 철저한 항공사 분석, 자신만의 영어공부법을 통해 3번의 도전 끝에 2007년 카타르 항공에 입사하였다. 8년 반의 시간 동안 이코노미, 프리미엄, 부사무장, 사무장까지의 자리를 두루 경험하며 현장의 이야기를 담은 '미소짓는 스튜어드' 사이트를 운영하며 승무원 전체, 그리고 남성승무원들을 위한 특화된 정보들을 알리고자 노력하고 있다.

현재는 국제 안전 관리자, 승무원의 멘토 등 다양한 활동을 병행하며 현장의 경험과 끊임없는 연구를 더해 승무원뿐 아니라 항공 산업 전문가로 발돋움하고 있다.

미소짓는 스튜어드 대표
고민환

- 현) 미소짓는 스튜어드 대표
- 전) 카타르항공 스튜어드(On board manager)
- 2015년 경희사이버대학원 항공경영학과 졸업
- 2015년 카타르 항공 퇴사
- 2007년 카타르 항공 입사
- 2006년 ROTC 육군 전역
- 2004년 경희대학교 호텔경영학과 졸업

승무원의 스케줄

고민환
카타르항공
승무원 시절의
하루

01:30am 일본 비행 기준 일과랍니다

11:30~
▸ 보통 다음날까지 휴식 후
카타르로 귀가

21:30~23:00
▸ 기상, 식사 및
비행 준비

01:30
▸ 일본으로 출발
01:30~11:30
▸ 일본 도착 및 숙소 이동

23:00~23:50
공항으로 이동

24:50~01:30
▸ 승무원 탑승 및
이륙 준비

23:50~14:50
▸ 브리핑 참석

모범생 소년, 자신만의 꿈을 찾다

▶ 승무원을 꿈꾸던 시절 꼭 가보고 싶던 볼리비아 소금사막에서

▶ 유니폼을 입고 업무중 한 컷

▶ 좋은 동료들과 함께하며 더욱 즐거운 비행

Question 어린 시절에는 어떤 학생이었나요?

전형적인 모범생 스타일이었어요. 재미없는 학생이었죠. 특히 고등학교 시절은 남고를 다녔고 기숙사 생활까지 하면서 공부 의외 활동은 거의 못해 본 것 같아요. 덕분에 성적은 좋은 편이었고요. 그래도 친구들과 함께 생활하면서 소소하게 이야기도 나누고 야식으로 치킨을 시켜 먹었던 것이 학창시절 큰 즐거움 중 하나였습니다. 다행히 승무원이 된 후 고등학교 시절 기숙사 생활을 해본 것은 큰 도움이 되었어요, 자연스럽게 단체생활 적응할 수 있었거든요.

Question 대학시절 전공은 무엇이었나요?

호텔 경영을 전공했어요. 제가 대학에 대해 진지하게 고민할 무렵 '호텔리어'라는 드라마가 큰 인기를 끌었답니다. 저 말고도 당시 그 드라마의 영향을 받은 사람들이 꽤 있을 것 같군요. 기술을 배워서 안정적인 삶을 권유하셨던 아버지의 반대가 조금 있었지만 자유로운 삶을 지지하시던 어머니 덕분에 다행히 원하던 학과를 선택할 수 있었어요.

Question 대학시절은 어떻게 보내셨나요?

대학시절은 딱 2가지, 아르바이트와 학군단(학생군사교육단)으로 나눌 수 있답니다.

호텔경영학과는 다른 학과에 비해 자유로운 분위기가 조금 더 있어서 학업도 중요하지만 여유시간에 아르바이트를 해야겠다고 생각했어요. 서비스 계열이기도 했고 당시 패밀리 레스토랑이 무척 유행하던 시절이라 대학교 1학년 여름방학부터 패밀리 레스토랑에서 아르바이트를 시작했죠. 그런데 처음 시작한 아르바이트가 제게 너무 잘 맞는 겁니다. 무려 4학년 때까지 한 곳에서 아르바이트를 하고 오후에는 학군단 수업을 받았어요. 졸업 후에는 바로 ROTC 장교로 입대해서 취업에 대한 고민을 많이 하지는 않았죠.

살면서 가장 많은 영향을 주신 분은 누구인가요?

아버지입니다. 저와 성격이 정반대이셔서 무척 안정적이고 분석적인 분이세요. 한번은 고등학교 성적이 좋지 않았을 때가 있었는데 제 성적을 학년 별, 중간, 기말고사별로 나누어 엑셀 파일에다 정리해서 그래프로 만들어 보내셨던 적도 있었어요. 덕분에 공부에 집중할 수 있는 계기도 되었고 이러한 아버지만의 사랑의 표현들이 제 삶의 좋은 밑거름이 되었답니다.

승무원이라는 직업은 어떻게 선택하게 되었나요?

전공과 아르바이트 모두 서비스 관련직이었고 제게 무척 잘 맞아서 취업도 자연스럽게 서비스 계열로 해야겠다고 생각은 하고 있었습니다. 승무원이라고 한정 지어서 생각한 적은 없었고요. 실제로 승무원 직업에 대해서 관심을 가지게 된 건 2003년도에 토익학원을 열심히 다닐 무렵이었어요. 제가 다니던 학원 근처에 큰 광고판이 있었는데 유명배우인 한가인이 모델이었죠. 특히 같은 학교라 눈길이 갔는데 국내 모 항공사 광고였어요. 그때였던 것 같네요. 광고판을 보고 '승무원을 하면 어떨까?'라는 생각을 처음 해보았답니다.

이후 바로 군대에 가게 되고 전역 후 전공을 살려서 서비스계열 직업 탐색 중에 광고 팝업 창을 보고 호기심에 승무원 학원에 상담을 받았어요. 왜 그랬는지 큰 고민 없이 바로 학원에 방문하고 승무원 시험을 준비하게 되었죠. 우연의 연속이긴 했지만, 지금 생각해보면 필연이었던 선택들이었습니다. 참고로 당시에는 남자가 갈 수 있는 항공사가 별로 없어서 카타르 항공과 에미레이트항공 두 곳만 준비했어요. 빠르게 도전했던 첫 시험은 1차에서 떨어졌고 이후 3개월 정도 더 준비를 하고 카타르 항공 최종 면접까지 갔었답니다.

최종시험 후 바로 합격하신 건가요?

아쉽게도 탈락이었어요. 그래서 6개월간 재응시를 할 수 없는 패널티 기간에 기분 전환 겸 가족들과 함께 50일 정도 미국 서부로 여행을 다녀왔죠. LA에서 출발, 샌프란시스코, 캐나다, 멕시코 등을 돌아보고 이후 한국으로 돌아와서 6개월 후 다시 카타르 항공에 재 지원했어요. 시험을 준비하려고 여행을 갔다 온 것은 아니었는데 오히려 면접관분들이 여행 이야기를 듣고 상당히 큰 관심을 가져주셨어요. 덕분인지 바로 합격할 수 있었고 제가 몸담았던 카타르 항공과의 인연이 시작된 거죠.

잠깐! 패널티란?

외국항공사 지원 시 1차, 혹은 2차 면접에서 탈락 후 일정 기간 다시 시험을 볼 수 없도록 제한하는 것을 의미합니다. 왜 제한할까요? 탈락의 사유를 알게 되거나, 혹은 예상되는 부분을 보완 후 다시 지원하라는 의미랍니다. 탈락 후 준비도 없이 바로 지원해서 지원횟수만 늘리는 것은 회사와 지원자 모두에게 손해이기 때문입니다.

철저한 준비로
**외국항공사
승무원에
도전하다**

▶ 전 세계 친구들을 만날 수 있는 외국항공사 승무원 생활

▶ 영국 맨체스터 비행 후 동료들과

남성승무원이 되는 것은 어려운가요?

쉬운 일은 아닙니다. 왜냐하면, 국내의 경우 남성승무원은 여성승무원에 비해 채용인원 수가 작고, 국외에서는 다각적인 실력을 검증해서 순위로 뽑기 때문에 자연스러운 미소나 세심한 서비스 등의 강점을 잘 발휘할 수 있는 여성의 채용이 훨씬 많습니다. 하지만 과거와 는 다르게 현재는 국내항공사에서도 남성승무원을 채용하고 있고, 최근 항공사가 새로 생 긴 것처럼 여행과 교통수단의 발달에 따라 항공 산업 역시 나날이 발전하고 있어 점차 가능 성은 많아질 겁니다. 본인만의 강점을 잘 살리셔서 국내외 항공사를 분석 후 꼭 도전해보시 기 바랍니다.

Question **외국항공사는 어떻게 면접을 보나요?**

보통 1차 면접은 한국 학원에서 보고 있어요. 대행사의 개 념이라고 생각해도 맞을 것 같네요. 이후 2차 면접을 봅니다. (해당 항공사 실무자 기준으로는 1차가 되겠지요?) 카타르항공의 경우 총 3번의 면접을 봅니다.

모든 면접은 영어로 진행됩니다. 1차는 CV DROP이라고 해 서 직접 입사지원서 관련 서류를 제출하면서 시작됩니다. 제출 하는 태도나 간단한 소개를 통해 지원자의 이미지를 가장 먼저 느낄 수 있는 시간이겠죠. 이 때 면접의 결과가 결정되는 중요한 순간이기도 합니다.

그 이후엔 단순하지만 막상 영어로는 모를 만한 단어, 예를 들어 도마, 송곳, 스템플러 제거 기 등의 단어들을 제시하고 이야기를 만들어 보거나, 만화의 대화 중 빈 공간을 만들어 적절 한 내용으로 채워 넣거나 하는 등의 면접을 보고 있습니다. 또한, 제출한 이력서를 보고 궁금 한 내용에 대해서 간단히 질문을 하기도 해요. "00호텔에서 아르바이트한 것은 어땠어요?", "최악의 손님은 누구였나요?" 등 기본적인 영어 실력뿐만 아니라 지원자의 마음가짐, 태도 와 센스를 엿볼 수 있는 부분이죠.

Question 2차 시험은 어떻게 진행되나요?

필기시험(독해, 단어 등의 영어시험)을 보기도 하고 디스커션(토론)을 진행하기도 합니다. 이러한 과정 중 회사소개 비디오를 보여주며 지원자들의 집중도를 체크하기도 하죠. 그리고 몇 명씩 뽑아서 피부체크, 팔 길이 등을 확인합니다.

Question 피부체크란 무엇인지 궁금해요.

피부색을 체크하는 건 아니고요. 특성상 잦은 해외비행으로 물이 바뀐다거나 할 때 트러블이 없는지 피부 상태를 점검하는 것이라고 생각하시면 됩니다. 건강한 피부인지를 확인하는 것이랍니다. 피부 상태에 대해 질문을 하거나 직접 확인하기도 하고, 모 항공사는 사진을 찍어서 확인하기도 합니다. 그리고 문신이 있는지도 확인하기 때문에 혹시 문신을 고려하는 친구들이 있다면 다시 생각해 보아야겠죠.

Question 3차 면접은 어떻게 진행되나요?

카타르의 경우 1:1 면접을 봅니다. 1명의 지원자에 면접관은 2명이 되기도 하죠. 주로 한 명은 질문을 하고 다른 한 명은 타자를 치며 기록하기도 합니다. 보통 국내항공사는 여러 명의 지원자가 함께 면접을 보는 경우가 많은데 이러한 부분이 특히 차이가 나는 면접 스타일이죠. 즉, 질문의 깊이가 상당히 깊습니다. 하나의 질문에서 파생되는 꼬리 질문이 굉장히 길고, 집요할 수 있어요. 무엇을 느끼고 배웠는지 등의 부분을 심도 있게 측정하려고 하거든요. 예를 들어, "당신이 했던 최고의 서비스는 무엇인가요?", "그 서비스를 하면서 무엇을 느꼈나요?", "고객의 반응과 그때 당신의 기분은 어땠나요?" 등 한 사례에 대해서 계속 파고드니 마인드는 기본이고 사실 여부, 영어 실력까지 모두 검증할 수 있답니다.

이렇게 3차까지 시험이 끝나면 지정병원에서 신체검사를 받고 회사에서 원하는 시기에 해당 국가로 가게 돼요. 보통 한 달 안에 해당국으로 가게 됩니다.

> **Question** **'나의 합격 이유'는 무엇이라고 생각하시나요?**

누가 알려주지는 않았지만 저도 많이 생각해보았던 부분입니다.

첫 번째는 집중했다는 점이에요. 지금은 인원이 적더라도 국내항공사 역시 남성승무원을 채용하지만 당시에는 채용 인원이 없었거든요. 그래서 카타르 항공과 에미레이트 항공에 대해서만 철저하게 준비했어요. 예를 들어 기업에 대해 분석할 때도 10여 개 상당의 기업에 대해 알아보는 것보다 확실히 양이 줄어드니 더욱 세심하게 분석할 수 있었어요.

두 번째는 영어공부인데요, 단순히 어려운 단어를 많이 알고 회화에 집중하고 등의 기술적인 부분도 중요하지만, 상대방에게 들리는 '느낌'에 대해 많이 고민하고 연습했답니다. 조지 클루니를 아시나요? 제가 좋아하기도 하고, 또 전 세계적으로 인기가 많은 배우인데요, 멋진 외모만큼이나 매력적인 목소리를 가지고 있어서 세계인들이 좋아하는 목소리로 꼽히죠. 그 배우의 비디오를 틀어놓고 지속적으로 따라 연습했습니다. 신기하게도 원래 목소리는 조금 얇은 편인데 어느새 그의 목소리를 닮아가더군요.

세 번째는 현장감 있는 연습이었습니다. 면접날을 대기하며 준비할 당시 인터넷 서핑을 통해 면접관 얼굴을 찾아냈어요. 그 사진을 컬러 프린트를 해서 친구 얼굴에 마스크를 씌워놓고 면접관이라고 생각하며 연습했죠. 재미있는 사실은 실제 면접을 볼 때 그 담당자가 나왔던 것은 물론, 옷까지 같은 것이었답니다.

이렇게 세 가지가 저의 면접 합격의 주된 이유였다고 생각해요.

'어쩜 이럴 수 있을까?' 싶을 만큼 승무원 생활이 저와 너무 잘 맞았습니다.

비행을 하고 쉬는 날이 되면 보통 더 쉬고 싶다, 다시 비행하기 싫다는 친구들도 많은데 저는 오히려 휴식 후 맞이할 새로운 비행을 기다리고 있었죠. 그 이유는 간단합니다. 이미 승무원을 선택하기 전에 새로운 사람을 만나고, 고객들에게 서비스하는 아르바이트를 통해 나의 흥미와 적성을 이미 검증해보았기 때문이죠. 처음에만 좋았던 것이 아니라 승무원을 하면 할수록 일도 더욱 좋아졌어요. 남자인 제가 많은 여자 동료들과 함께 일하는 것도 큰 장점이었을까요. 하하. 또 비행 후 몸은 고되지만 여유시간이 많으니 여행도 하고 블로그를 운영하는 것도 정말 큰 즐거움의 이유였습니다. 당시 시작했던 제 블로그 이름은 '맹고브로'인데 총 방문자가 700만 명이 넘어설 정도로 국내외 항공사를 준비하는 친구들이 많이 방문하고 있답니다.

Question 승무원에게 가장 중요한 것은 무엇인가요?

승무원에게 가장 중요한 것 중 하나는 호감 가는 인상, 즉 좋은 이미지라고 할 수 있어요. 예쁘고 잘생긴 얼굴을 의미하는 것은 아닙니다. 평소 미소가 많은 사람과 면접 때만 미소를 보여주는 사람이 있다면 누가 더 자연스럽게 웃을 수 있을까요? 실제 서비스를 할 때도 자연스럽게 미소 지을 수 있다면 본인도, 서비스를 받는 승객들도 무척 편안하겠죠?

Question 외국에서 지낼 때 외롭지는 않으셨나요?

처음 혼자 지내는 외국 생활이니 한국이 그립고 외로울 수밖에 없는 것 같아요. 그렇다고 매일 한국만 그리워하고 가족, 친구들과 연락만 한다면 더 힘들어지지 않을까요? 그래서 저는 현재 할 수 있는 모든 것을 즐기려고 노력했습니다. 새로 만난 친구들과 깊이 있게 만나서

대화도 많이 나누고 현지에서 즐길 수 있는 경험들을 많이 했답니다. 비행 중 여행도 최선을
다해 즐기면서 외로움에 집중하기보다는 즐거움을 찾고자 많이 노력했답니다.

Question 외국 비행 시 얼마나 머무르고 돌아오는지,
스케줄은 누가 짜는지 궁금해요.

일본 등의 가까운 국가는 다음 항공편으로 바로 돌아오거나
길어도 하루를 넘기지 않습니다. 하지만 유럽이나 그 이상의 국
가들은 최소 하루에서 2~3일 정도를 쉴 수 있는 경우도 있답니
다. 하지만 이러한 스케줄은 철저히 모든 항공상황에 따라 달
라집니다. 그렇기에 스케줄 역시 회사에서 정합니다. 물론 개
인별 휴가 사용 및 원하는 국가비행 신청 등을 일부 반영할 수
있기에 일방적인 스케줄을 염려할 필요는 없답니다.

Question 비행 중 원하는 국가를 신청해서
갈 수도 있나요?

네 물론입니다. 하지만 결정은 회사가 하게 되지요. 모든 승무원이 원하는 국가만 간다면
승객들의 비행에 차질이 생길 수밖에 없으니까요. 매달 10개 정도를 신청하고 2개 정도 원
하는 국가가 배정되는 것 같아요. 한번은 남아프리카 월드컵 시즌에 많은 승무원들이 남아
프리카 조하네스버그 비행을 신청한 적도 있었습니다. 저 역시 신청했고 운 좋게 일정이 배
정되어 현지에서 월드컵을 즐기는 행운을 누리기도 했답니다.

크게 성별로 업무가 나누어지지는 않습니다. 하지만 기내 안전 및 서비스가 곤란한 승객분들이 계시다면 아무래도 남성승무원들이 나서는 것이 훨씬 효율적이겠지요? 만약 승객이 술에 취해 서비스가 어렵다면 보통 남성승무원들이 응대하며 만약의 사태에 대비하기도 합니다. 기내 상황에 따라 적절하게 대응하도록 하고 있어요.

Question 비행 중 기억에 남는 실수는 무엇인가요?

흔히 외국에 가면 해당 국가 말을 배워오곤 하지요? 당시 일본에서 카타르로 오는 아라빅(중동국가) 손님이 계셨는데 영어로 "비루를 달라"고 요청하셨어요. 참고로 '비루(ビール)'는 일본어로 맥주인데요, 평소 일본 비행을 좋아했던 저는 약간의 일본어를 할 수 있어서 맥주를 달라는 말로 들었죠. 그러면서 아라빅 손님이지만 일본에 다녀갔다고 일본어를 바로 활용하시

다니 신기하다고 생각했답니다. 당시 퍼스트 클래스 손님이었는데 일본의 유명 맥주를 서비스하니 손님이 무척 의아하다는 표정을 지으셨어요. 그래서 '맥주'라고 영어로 다시 설명해드렸지만 계속 "이거 말고 비루! 비루!"하고 외치시며 큰 소리를 내시며 무언가를 던지려고 손을 뻗으셨어요. 무척 당황해서 다시 확인해보니 '필로우(pillow)' 즉 베개를 요청하셨던 거였죠. 손님 역시 던지시는 행동이 아닌 베개를 잡아서 직접 보여주려고 하셨던 것이었습니다. 당시 등줄기에 땀이 흐를 만큼 당황했지만, 다행히 해프닝으로 잘 마무리가 되었던 기억이 나네요.

비행 중 기억에 남는 일은 무엇인가요?

한류를 직접 경험한 적이 있습니다. 한번은 인천에서 카타르로 돌아오는 비행 편에서 승무원 좌석에 예쁜 종이가 놓여있더군요. 편지지 같은 것이어서 인천으로 오던 승무원이 다른 친구 승무원에게 보내는 편지라고 생각했답니다. 각 승무원들끼리 스케줄을 알 수 있기 때문에 친구들에게 간단한 편지나 먹거리를 미리 비행기에 두고 가기도 하거든요. 누구 것인지 알 수 없어서 제가 먼저 읽었는데 무척 감성적인 내용이었어요. "sorry but I love you" 같은 내용이라 러브레터, 혹은 시를 적은 건 줄 알고 다른 동료에게 보여주니 사실은 한국 가수인 빅뱅의 노래 가사였답니다. 한국 가수를 좋아하던 외국인 승무원이 한국인 승무원에게 가사를 적어달라고 해서 메모를 해두었던 거죠. 이렇게 비행을 하다 보면 재미있는 일들이 참 많이 일어납니다.

반대로 힘들었던 일은 무엇인가요?

비행을 하다 보면 즐거운 일이 많지만 힘든 일들도 무척 많습니다. 가장 힘들었던 일은 바로 작년에 일어났어요. 한번은 인천으로 비행하는 일정을 마치고 저와 크루(crew: 승무원)들이 호텔로 이동하던 중이었습니다. 그때 지상직 직원의 긴급호출이 와서 특정 구역 서비스를 누가 담당했는지 묻더라고요. 당시 해당 구역의 한 고객이 메르스라는 질병에 걸린 것이 발

견되었다고요. 지금은 한국 사람들도 메르스에 대해 알고 있지만, 당시에는 생소한 질병 중 하나였습니다. 검색을 통해 무척 위험한 전염성 질병이라는 것을 알게 되어 책임자였던 저와 해당 직원은 모두 호텔에서 대기 및 격리상태로 결과만 기다리며 노심초사하고 있었어요. 당시 한국행이다 보니 저희 가족들과 질병 감염이 의심되는 직원의 가족들도 먼 지방에서 만나러 오던 중이었는데 걱정할까 봐 비행기 연착이라고 알리고 오지 못하게 했었습니다. 한낮에 인천에 와서 자정이 넘도록 결과가 나오지 않아 정말 마음만 졸이며 기다릴 수밖에 없었죠. 다행히 감염 없이 건강하다는 판정을 받았지만 이때의 사건으로 개인의 노력 외의 문제들이 발생할 수 있음을 다시 한 번 깨닫게 되면서 정말 힘들었답니다.

이런 일들이 아니더라도 승무원들은 전 세계를 누비기 때문에 아프리카처럼 질병에 노출될 확률이 높은 국가도 가게 되지요. 보통 안전수칙을 잘 지키면 위험할 일은 크게 없지만 그래도 걱정이 되는 것은 사실입니다. 특히 위험한 질병이 발견되는 시기에는 더욱 그렇답니다. 승무원들에게 책임감이 중요한 이유는 이러한 시기에도 비행을 해야 하기 때문입니다. 자세히 들여다보면 참 어려운 직업이지요?

Question 서비스업 특성상 감정적으로 견디기 힘든 순간들이 있을 텐데, 그것을 극복하는 자신만의 방법이 있는지 궁금합니다.

사람들마다 다양한 방법이 있겠지만, 저의 경우는 잠시 혼자만의 시간을 가지는 것입니다. 특히 화장실로 들어가면 바로 혼자 있을 수 있게 되니까 거울을 보고 잠시 심호흡을 하면서 마음을 다스립니다. 예전에 아르바이트할 때부터 쓰는 방법인데요. 그때는 야외주차장에서 하늘을 봤는데 지금은 나갈 수 없으니 혼자만의 공간을 찾게 된 것이지요.

Question 외국항공사 승진체계는 어떻게 되나요?

같은 항공사라도 시기, 혹은 역량에 따라 승진을 위한 기간은 달라질 수 있습니다. 현재는 승진 시험도 생겼어요. 기간은 항공사마다 다르지만 보통 3개월 정도의 수습 승무원 기간이 종료되면 승무원, 그리고 선임승무원이 됩니다. 이후 연차와 자격시험을 통해 부사무장, 사무장의 자리에 오르게 되고 사무장 역시 선임, 수석사무장의 단계가 있습니다. 보통 단계마다 2~3년 정도의 기간이 필요하고 근무 태도, 성적 등의 다양한 요소들을 반영하여 승진을 결정하게 됩니다.

카타르 항공사 기준 이코노미클래스 승무원(15~24개월) – 프리미엄 클래스 승무원 – 부사무장 – 사무장의 과정이고 저 역시 8년 반 정도의 근무 기간 동안 이와 같은 순서를 밟아 감사하게도 On board manager(캐빈서비스 다이렉터 / 국내항공사 기준 사무장)까지 경험해 보았습니다.

Question 승진을 하게 되면 급여도 오르나요?

네. 당연히 책임이 커지는 만큼 급여도 오릅니다. 일반 승무원이 대기업 사원, 대리급이라면 사무장은 과장급 정도라고 보시면 적절할 것 같습니다. 하지만 급여보다 중요한 것은 더 큰 책임을 지게 된다는 것이지요. 일반 승무원들은 본인의 맡은 업무를 위주로 근무하지만 사무장은 후배승무원들 및 비행 전체를 책임지고 이끌어야 하는 자리 인만큼 힘든 일이기도 합니다. 하지만 그만큼 능력을 인정받는 일이기에 자랑스러운 일이기도 하겠지요?

Question 외국항공사의 급여는 얼마나 되나요?

승무원마다 다릅니다. 이유는 기본급은 같더라도 비행에 따라 추가적인 비용이 나오기 때문인데요. 조금 더 상세하게 알려드리면 기본급 150만 원(대략)에 추가로 현지 체류 비용이 국가별로 다르게 측정됩니다. 예를 들어 카타르에서 인천으로 비행을 가면 하루에 대략 150달러가 지급되고, 똑같은 카타르에서 인도로 비행을 가면 하루 45달러 정도, 북유럽은 하루 180달러 상당이 나오니 비행에 따라 급여가 천차만별이겠지요? 이렇게 한 달의 급여 및 어느 국가를 갈 수 있는지를 결정하는 것이 바로 '로스터(roster)'라고 하는 근무 일정표입니다. 그래서 승무원들은 로스터가 나오는 날짜를 무척 기다린답니다.

주 몇 시간, 월 몇 일정도 일을 하나요?

일반 직장인처럼 9시 출근, 6시 퇴근 같은 고정적인 근무가 아니기에 시간으로는 80시간 전후, 일자로는 월 15일 정도 근무를 하게 됩니다. 또한, 비행시간이 길다면 그만큼 기내에서 휴식시간을 받기 때문에 긴 비행이라고 계속 기내에서 일만 하고 있지는 않습니다. 그리고 장거리 비행은 휴식시간 역시 길게 받기 때문에 그다음 비행일정까지 1~3일을 연속으로 쉬는 경우도 있답니다.

Question **한 비행기에 몇 명의 승무원이 함께 일하고, 일 분담은 어떻게 하나요?**

인원과 분담은 항공편, 고객 수 등에 따라 모두 달라집니다. 평균적으로 국내선 및 국제선 작은 비행기는 5명, 큰 비행기는 15명 정도까지 탑승하는 경우도 있습니다.

업무 분담 역시 비행마다 다르고 보통 브리핑 시간에 업무를 부여받습니다. 아무래도 연차가 많은 승무원들이 퍼스트클래스를 맡고 신입 승무원들은 이코노미 및 갤리를 담당합니다. 그리고 같은 클래스에서도 출입구의 위치나 좌석 개수를 기준으로 각 구역을 배정받습니다. 하지만 담당구역을 떠나 모든 승무원들이 모두 '팀'으로 협업하여 일을 하고 있다는 것을 꼭 알아두셔야 한답니다.

Question **남성승무원만을 위한 복지가 있나요?**

하하. 남자직원만의 복지는 없습니다. 하지만 승무원 생활 자체가 주는 혜택이 무척 많답니다. 저희 항공사의 경우 세금을 별도로 납부하지 않는다는 것도 장점이 될 수 있겠고요. 비행 후 연달아 쉬는 날도 많습니다. 그 휴식을 숙소가 아니라 비행간 국가에서 할 수 있다는 것이 최고의 혜택이겠네요.

아, 카타르항공만의 또 하나의 장점이 있네요. 바로 '카타르 크루시티'입니다. 제가 있을 때는 공사 중이라 입주할 수 없었지만 지금은 가능하니 꼭 소개해드리고 싶습니다. 크루시티는 카타르 직원들이 묵을 수 있는 숙소입니다. '시티'라는 이름처럼 숙소와 함께 수영장과 테니스장 등의 다양한 편의시설을 무료로 이용할 수 있답니다. 숙소는 보통 2명이 거주하도록 배정받지만 비행시간이 다르니 마주칠 일도 잘 없다는 사실. 그리고 시간이 지나서 연차가 쌓이면 혼자 살 수 있도록 배려해준답니다. 크루시티 덕분에라도 카타르항공 지원자가 더 많아질 것 같네요.

Question 항공사를 그만두신 이유는 무엇인가요?

처음에는 '카타르항공에 뼈를 묻고 싶다.'라고 생각할 정도로 재미있었고 그만큼 최선을 다했습니다. 하지만 여유시간을 활용해 서비스 및 항공 관련 공부를 시작하다 보니 점점 더 깊이 있게 공부하고 싶다는 생각이 들더군요. 그래서 다녔던 대학에서 대학원 생활을 계속하며 집중적으로 공부해야겠다는 생각이 들어 결국 한국행을 선택했습니다. 퇴사를 원했다기보다 한국에서 공부하는 것을 선택했기에 어쩔 수 없는 선택이었답니다.

안전, 항공
전문가로
발돋움하다

▶ 외항사 승무원을 꿈꾸는 미소짓는 스튜어드 친구들과

▶ 승무원의 큰 장점인 해외여행 중 한 컷

현재 하고 계시는 일은 무엇인가요?

'미소짓는 스튜어드'라는 사이트를 직접 운영하며 승무원을 준비하는 친구들과 만나고 있습니다. 취업뿐만 아니라 승무원 이후의 커리어나 항공 산업에 대한 다양한 자료를 보기 위해 많은 분들이 찾아주신답니다. 그리고 저의 경력을 살려 외국계 기업의 안전관리담당자로도 일하고 있습니다. 외국에서 취득한 자격증이 필요한 일이라 쉽지 않았지만 제2의 직업에 대해 고민하며 오랫동안 꾸준히 준비했죠. 이전과 다르게 고정적인 출퇴근을 하는 일이라 새롭기도 하고 가족들과 보낼 수 있는 시간이 더욱 많아 행복한 점도 많습니다. 안전과 연결된 직업이라 이전의 경력과 연결된다는 점에서도 무척 좋은 선택이었어요. 전직 승무원으로서 다양한 커리어에 대해 말로만 알려주는 것이 아니라 직접 도전했던 결과라서 뿌듯하기도 합니다.

Question 한국에 오신 뒤의 생활은 어떠신가요?

열심히 공부만 하는 느낌이라 조금 쑥스럽긴 한데 한국에 온 후 새로운 일뿐만 아니라 주로 공부하고 새로운 자료를 찾는 것을 주로 하고 있어요. 저의 취미생활이기도 하거든요. 특히 국내자료뿐 아니라 외국 도서관이나 사이트에서 새로운 항공, 승무원 자료를 찾아내서 분석하는 것이 참 재미있어요. 중요하지만 다른 사람은 모르는 정보를 찾아 정리하다 보니 '미소짓는 스튜어드'라는 사이트가 많은 사랑을 받기도 하고요. 좋아하는 일은 빠져들 수밖에 없어서 이번에 온라인 웹진을 새로 만들기도 했죠. 국내에서는 항공 산업, 특히 승무원이라는 직업이 발달한 것이 그리 오래되지 않았습니다. 대부분 외국에서 온 것들을 그대로 받아들여 사용하고 있는 것들이 많아요. 특히 국내에는 승무원 지망생만을 위한 매거진이 없어서 아쉬웠죠. 그래서 제가 직접 웹진을 제작했습니다.

웹진에는 어떤 내용이 담겨있나요?

승무원을 준비하는 친구들뿐 아니라 항공 산업에 관심 있는 친구들을 위해 면접을 위한 시사상식, 여행지 정보, 비행에 대한 전반적인 상식 등 정말 다양한 정보를 준비해두었답니다. 무료로 제공하는 내용이니 친구들이 부담 없이 보면서 탄탄한 항공상식을 알 수 있도록 꼭 추천해드리고 싶습니다.

Question 이전의 직업과 지금의 진로를 결정할 때 가장 중요한 기준은 무엇이었나요?

제 경우는 '적성에 잘 맞는 일인가?' 입니다.

카타르 항공사에서 만났던 한 한국인 친구는 30대 중반 이상의 나이에 어렵게 입사한 후 6개월도 안 되어 퇴사를 한 경우가 있었어요. 이유는 간단합니다. 적성에 맞지 않는 일이기 때문이죠. 본인과 잘 맞는 일은 힘들어도 버틸 수 있는 힘이 있잖아요. 하지만 반대의 경우는 힘든 일에 견딜 수 있는 힘이 아무래  도 부족합니다. 좋아하지도, 잘하지도 않는 일을 하는 것만큼 힘든 것은 없거든요. 아르바이트를 통해 본인에 대해 꾸준히 탐구해 보기를 추천해드리는 이유도 바로 이러한 점 때문입니다. 면접 준비를 같이하던 친구들에게 왜 승무원을 희망하는지 물어보면 "비행기 타는 것을 좋아해서요." 혹은 "해외여행을 좋아해서요." 등등 당연한 이야기들을 무척 많이 합니다. 하지만 해외여행을 싫어하는 사람이 몇이나 될까요?

저의 이야기를 조금 더 들려드리면 제 주변의 친했던 친구들이 대학 졸업 후 모두 대기업에 취업하거나 의사가 되었답니다. 직업만으로 누군가를 판단할 수는 없지만 당시에는 비교가 안 될 수가 없었습니다. 많이 부러워하기도 했어요. 하지만 다행인 것은 저의 긍정적인 성격으로 곧 극복했고 제가 정말 좋아하는 일을 찾았다는 거예요. 시간이 흘러 한 친구가 매일 저의 SNS에 들어오며 부럽다는 글을 남겼는데 그때 많은 것을 느꼈죠. 사회적으로 좋은 평가와 대우를 받는 직업도 본인이 만족하지 못하면 행복한 삶을 살기 어렵다는 것을요. 반대로 승무원도 마찬가지랍니다. 단순히 좋아 보여서 선택하면 결국 본인의 적성과 맞지 않아 많이 힘들어질 수 있어요.

Question ## 중요하게 생각하는 가치관이 있다면 무엇인가요?

소소한 가치관이지만 꼭 지키는 것 중 하나가 지속적으로 성장하는 것입니다. 쉽게 생각하면 계속 무언가를 공부하는 것도 성장할 수 있는 방법 중 하나입니다. 지금 제가 하고 있는 일, 그리고 승무원을 꿈꾸는 친구들을 도울 수 있었던 것도 바로 제가 성장을 위해 꾸준히 공부했기 때문이라고 생각합니다.

Question ## 다음 단계의 목표(꿈)는 무엇인가요?

현재 하고 있는 직업(일)이 있지만 여유가 될 때마다 승무원이 되고 싶어 하는 친구들을 도와주는 일을 하고 있는데 제가 좋아하고 또 잘할 수 있는 일이라 무척 재미있고 보람도 많이 느낍니다. 앞으로는 지금보다 더욱 많은 친구들을 만나고 싶어요. 제 꿈도 만들어 가는 단계에 있는 중이라 최종적으로는 정확히 어떤 형태가 될지는 알 수 없지만, 친구들에게 더 큰 도움이 되기 위해 석사과정을 마쳤고 시간이 조금 지나면 외국에서 MBA를 공부하려는 준비도 하고 있습니다.

승무원 직업이 가진 오해가 있다면
무엇인가요?

오해라기보다 실제로 화려한 직업은 맞는 것 같아요. 친구와의 만남, 그리고 데이트를 국내가 아닌 로마나 파리에서 할 수 있는 일이기도 하니까요. 하지만 단순히 이러한 면만 보고 도전한다면 힘든 일도 많기 때문에 금방 지칠 수 있습니다. 아르바이트를 지속적으로 권했던 이유가 바로 적성의 검증 때문입니다. 아르바이트를 통해 많은 사람, 고객도 대해보고 새로운 동료들과 일도 해보시기 바랍니다. 가장 중요한 것은 본인이 이 일에 맞을지 스스로가 납득 할 수 있어야 한다는 점입니다. 이러한 과정을 통한다면 면접뿐만 아니라 실전에서도 즐거운 승무원으로 생활할 수 있으리라 확신합니다.

Question 승무원을 준비하는 친구들에게
추천해주고 싶은 활동이 있나요?

아르바이트와 함께 꼭 추천해 드리고 싶은 경험은 바로 '해외를 가보는 것'입니다. 가까운 일본에만 가도 국내에서는 몰랐던 사실을 많이 알게 되거든요. 물론 비용이 부담될 수는 있지만 최근에는 저가항공사나 선박 등의 방법으로 충분히 저렴하게 다녀올 수 있으니 꼭 권해드리고 싶습니다. 승무원에 대한 정보를 알아보는 것도 해외에 가면 훨씬 많은 것들을 직접 경험하고 알 수 있답니다. 가까운 일본에만 가보아도 승무원만의 매거진(잡지)이 있습니다. 그런 것 하나를 보는 것으로도 여러분의 이야기들이 훨씬 풍부해진답니다.

승무원을 준비하는 친구들에게 한마디 부탁드려요.

즐거운 이야기들도 훨씬 많지만 친구들에게 조금이라도 더 도움이 되기 위해 힘든 일들에 대해서도 사실적으로 알려 드리고자 했습니다. 저에게 승무원이라는 직업에 대해 한 줄로 표현하라고 한다면 '하루하루 신나는 일들이 가득한 직업'이라고 말씀드리고 싶어요.

아르바이트로 본인에 대해 검증해보고, 서비스 마인드를 익히시고 철저하게 지원항공사를 분석하고, 영어공부도 함께 하신다면 승무원을 꿈꾸는 분들은 반드시 좋은 결과가 있으실 겁니다. 또 궁금한 것들이 있다면 '미소짓는 스튜어드'를 검색해서 꼭 놀러 오시기 바랍니다. 단순히 좋은 이야기가 아니라 '진짜 이야기'를 해 줄 수 있는 든든한 제가 있다는 것을 잊지 마십시오.

모두 좋은 결과 있으시길 응원합니다!

사람들과 어울리는 것을 좋아해 다양한 단체 활동을 경험하며 학창시절을 보냈다. 대학시절 공부와 함께 가장 열심히 했던 것은 아르바이트였다는 그녀. 생활비를 직접 벌기 위해 시작한 고객을 응대하는 일을 통해 자연스럽게 서비스 마인드를 익힐 수 있었다. 어머니의 권유로 승무원에 도전하게 되었는데 아르바이트를 통해 익힌 사회생활 경험, 서비스 마인드, 무엇보다 적성에 대한 확신이 있었던 덕분에 직접 스터디를 만들어 준비하며 대학 4학년 시절 승무원이라는 목표를 성취할 수 있었다. 첫 직장이었던 대한항공에 입사한 후 8년이라는 시간을 하늘에서 보내며 힘든 일과 속에서도 지속적인 자기개발을 통해 꾸준히 성장해 왔다.

현재는 가장 좋아하고 잘하는 일인 서비스 교육 및 승무원 준비생 지도를 하고 있다. 목적지가 비록 분명하지 않더라도 한 발자국씩 끌리는 곳을 향해 발걸음을 옮기면 어느 순간 원하는 곳에 도착해 있을 것이라 믿는 그녀는 지금도 새로운 꿈을 위해 다시 공부하며 도전하고 있다.

승무원 멘토링전문기업 **리얼유** 대표
배유리

● 현) 승무원 멘토링전문기업 리얼유 대표
● 전) 대한항공 객실승무원(부사무장)
● 2007년 대한항공 입사
● 성신여자대학교 디지털컨텐츠학과

승무원의 스케줄

배유리
대한항공
승무원 시절의
하루

12:30pm 일본 비행 기준 일과랍니다

14:30~
▶ 가까운 곳을 가면 비행기에서 내리지 않고 청결과 안전점검만 한 후 바로 한국으로 오는 손님맞이 진행

07:00~09:00
▶ 기상 및 비행 준비

09:00~10:00
▶ 공항으로 이동

10:00~12:30
▶ 브리핑 참석

12:30~13:00
▶ 승무원 탑승 및 이륙 준비

13:00~14:30
▶ 일본 도착

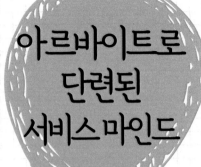

아르바이트로
단련된
서비스마인드

▶ 대한한공 입사 후 유니폼을 입고

▶ 입사 후 크리스마스를 보내며

▶ 입사 후 훈련중 한컷

Question 학창시절에는 어떤 성격이었나요?

사람들과 어울리는 것을 좋아했답니다. 단체 활동이나 학내 서클활동도 많이 했어요. 합창단 활동을 할 때는 합창 대회를 나가기도 했었는데요, 이렇게 활발한 성격 덕분에 학창시절을 재미있게 보냈답니다.

Question 전공은 무엇이었나요?

디지털콘텐츠학과를 졸업했어요. 문화콘텐츠를 제작하거나 프로그래밍, 디자인 전반적인 것에 대해 배울 수 있었어요. 원래는 음악과 관련된 일을 하고 싶어서 그쪽과 관련된 전공을 알아보고 커리큘럼을 살펴봤는데 당시에 우리 학과는 이공계열이면서도 음향이나 영상, 컨텐츠 제작 등 저의 관심 분야를 많이 배울 수 있었기에 신설학과였지만 과감히 선택했었답니다.

Question 학창시절 어떤 활동을 많이 하셨나요?

친구들과도 많이 어울렸고, 아르바이트를 정말 많이 했어요. 대학 입학 후 부모님으로부터 경제적 독립을 했는데 학자금은 대출을 받고, 제 생활비를 모두 제가 벌었어요. 대학 4년 동안 일을 하지 않았던 적이 없었네요. 주로 카페에서 일했었는데 사람들을 많이 대하는 서비스직 위주로 아르바이트를 골라서 했죠. 당시에는 일하랴 공부하랴 힘들었지만 그만큼 장기간 책임감을 가지고 했었던 일이었기에 손님 응대나 서비스에 대한 자신감이 자연스럽게 생겼던 것 같아요.

음악과 관련한 일을 하고 싶어서 라디오 PD 분야로 방송사 시험을 준비 중이던 제게 어머니께서 권유해 주셨어요. 가장 가까이서 저를 지켜봐 주시는 분이니까요. 제가 실제로 하고 있던 많은 일들과 저의 성향들이 서비스직에도 잘 맞겠다는 생각이 들더라고요. 당시 일본 외에는 해외를 가본 적이 없던 제게 승무원이란 직업은 또 다른 세계를 알 수 있는 좋은 기회였죠. 경쟁률도 높아서 '다 경험이다'라는 생각으로 도전했었는데 운 좋게 학기 중 바로 합격했어요. 그렇게 대학 4학년 때에 바로 취업을 하게 되었답니다.

Question 승무원 준비는 어떻게 하셨나요?

보통 승무원 면접 준비는 돈을 많이 들여야 한다고 생각하는 분들이 계시는데 이건 사람마다 방법에 따라 천차만별이라고 말씀드리고 싶어요. 저는 주변 사람들의 도움을 많이 받았답니다. 스터디를 만들어서 준비했는데 저처럼 항공사 면접 경험이 없는 사람은 기존 스터디에서 잘 받아주지 않는 경우도 있어서 제가 직접 사람들을 모집해서 새로운 스터디를 만들었죠. 그 친구들과 함께 서로의 장점을 배워나가며 좋은 결과를 낼 수 있었죠. 그리고 항공사에 먼저 입사한 친구가 면접 팁을 알려주기도 했었어요.

Question 자기소개는 어떻게 준비하면 좋을까요?

입사지원서도 마찬가지지만 실제 면접에서의 자기소개는 대부분의 지원자가 비슷합니다. 기본적으로 항공사에서 원하는 인재상이 크게 다르지 않으니까 지원자들이 준비한 것들도 비슷하고요. 이럴 때일수록 어떻게 나를 기억에 남게 할 것인지 고민하는 것이 중요합니다. 어려워 보이지만 답은 한 가지예요. 솔직한 나에 대해 이야기하는 거죠. 살아온 모습, 좋아하는 것, 잘하는 것, 승무원이 된다면 꼭 하고 싶은 것 등 여러 방면에서 자신에 대해 생각해본다면 똑같은 사람이 있을까요? 있다 해도 과연 몇이나 될까요?

그리고 솔직함을 무례함, 혹은 거침없음과 혼동하지 않았으면 좋겠어요. 대신 꾸밈없는 모습을 보여주기 위해서는 정말 평소의 모습부터 신경을 써야겠죠. 면접에서는 승무원이 되고 싶은 사람보다 이미 승무원의 준비가 되어 있는 사람을 검증하는 과정이라고 생각하면 좋겠어요.

Question 학창시절 진로에 도움이 될 만한 활동은 무엇이었나요?

역시 여러 가지 경험을 할 수 있는 아르바이트, 봉사활동, 동아리 활동 등의 대외활동을 최우선으로 꼽고 싶어요. 이러한 활동들 자체가 본인의 관심 분야와 관련된 것들에서부터 시작될 확률이 높죠. 다양한 경험을 시도하고, 즐긴다는 마음으로 여러 가지 활동을 하다 보면 내 적성에 맞는 것, 그리고 내가 하고 싶은 것이 무엇인지 찾을 수 있을 거예요.

Question 서류 통과 후 면접은 어떠셨나요?

8명이 들어가서 면접을 보는 데 면접관은 2명이었어요. 제가 면접을 볼 당시에는 현직 승무원도 면접관으로 함께 들어왔어요. 1차 면접 때 가장 중점적으로 물어보는 것은 지원동기입니다. 내가 왜 이 일을 하고 싶은지, 왜 내가 이 항공사의 승무원이 되어야 하는지에 대해 어필 하는 것이 중요해요. 저 같은 경우에는 장기간 했던 서비스직 아르바이트와 영어공부, 그리고 당시 다이어트를 열심히 했었는데 이러한 저만의 이야기를 들려드리며 기특한 제게 기회를 달라고 했었던 기억이 납니다.

면접은 어떻게 진행되나요?

　2차 면접에서도 비슷한 질문을 받았고, 개별적으로 질문들을 받습니다. 성격의 장·단점이나 별명, 좌우명, 인간관계에서 중요하게 생각하는 점 등 자신에 대한 내용과 가치관 등 소소한 것들이지만 이러한 질문들을 통해 더 깊이 있게 지원자를 보시는 것 같아요.

　그리고 대답하는 동안의 표정이나 태도 등을 많이 보시죠. 아무래도 분위기가 편해지면 사람들이 풀어지기 마련인데 끝까지 긴장을 놓치지 않는 것이 중요합니다. 저는 면접 때 눈이 마주칠 때는 최대한 밝게 웃어야지 하는 마음에 정말 면접관님의 눈을 오래 쳐다보며 눈이 안 보일 정도로 많이 웃었었죠. 당시 면접관님이 이런 저를 보시고 시력이 안 좋으냐고 물어보실 정도였으니까요. 순간 너무 당황스러웠지만 센스 있는 답변으로 잘 대처했죠. 다행히 합격통보를 받았는데 기분이 좋으면서도 조금 얼떨떨한 기분이었어요. 합격통보를 함께 확인했던 가족들이 저보다 더 좋아했던 기억이 나네요.

영어는 얼마나 공부하셨나요?

　시간으로 환산할 수는 없지만 제가 하던 공부들 중 가장 많은 시간과 노력을 할애한 부분이었습니다. 토익성적은 850점 정도였는데 저는 회화에 조금 더 신경을 썼어요. 아무래도 국제선 승무원의 업무에 있어서 외국인들과 얼마나 잘 소통할 수 있는지 또한 중요한 부분이니까요.

긍정적인
마음으로
승부하는
승무원

▶ 멋진 유니폼을 입고

▶ 기내서비스를 마친 후

대한항공만의 장점은 무엇인가요?

역시 취항지가 많다는 점이 최고의 장점이겠지요. 본인이 근무하면서 가 볼 수 있는 나라가 많으니까 더욱 다양한 경험을 할 수 있답니다.

 **대형 항공사 vs 소형 항공사의 차이는 무엇인가요?**

국내항공사 기준으로는 취항지의 차이를 가장 우선으로 봐야겠지요. 하지만 무엇이 좋다, 나쁘다가 아닌 개인의 특성이나 희망에 따른 선호도의 차이라고 생각해요. 그래서 선택을 할 때는 본인의 희망에 맞게 결정하는 것이 좋아요. 또한, 소형 항공사라고 해서 대형 항공사보다 입사가 쉬운 것이 절대 아닙니다. 오히려 공채 인원도 적고 한 사람이 수행해야 할 업무가 많을 수 있어서 외국어 등의 기본적인 능력을 더욱 많이 보기도 합니다.

Question 체력관리는 어떻게 하셨나요?

규칙적인 생활을 하는 것이 중요합니다. 헬스나 운동을 꾸준히 하면서 근력 위주로 관리했어요. 굳이 비용을 들여서 헬스장을 다니지 않아도 집이나 공원에서 스쿼트나 걷기 활동 등을 통해서라도 운동을 해야 해요. 어떤 팀원들은 비행 후 휴식을 위해 호텔에 가서도 별도로 모여 꾸준히 운동을 하기도 해요. 참 대단하죠. 시차도 한국에 맞춰서 생활하는 분도 있답니다. 식사나 여행 같은 것들을 무리해서 하지 않고 기존의 본인 생활 안에서 규칙적으로 조율하는 거죠. 이렇게 하는 것이 생각보다 쉽지 않아요. 하지만 장기적으로 보면 훨씬 건강한 생활을 할 수 있는 방법이랍니다.

일하면서 좋았던 선, 후배는 어떤 모습이었나요?

세심하게 잘 알려주는 선배들이 좋았어요. 보통 교육을 마치고 바로 오기에 여러 가지 업무에 대해 당연히 잘 알 것이라고 생각해서 세밀한 내용을 알려주지 않는 경우도 있는데 아무래도 교육과 실전은 느낌이 다르고 긴장하는 정도도 달라서 알던 것도 잊게 되는 경우가 많아요. 이럴 때 세세하게 잘 알려주는 선배는 늘 큰 힘이 되었어요.

후배는 역시 자발적인 자세를 가진 친구들이 좋았어요. 시키면 하거나 무엇을 해야 하는지 묻지 않고 정말 자기 일만 하는 친구들이 있는데 팀으로 활동할 때 가장 좋지 않은 행동이죠. 필요한 일이 있다면 바로 행동하고 내 일이 아니더라도 도울 줄 아는 자세가 필요해요. 저 역시도 늘 누군가에게 선, 후배가 되기에 이러한 마음가짐을 잃지 않으려고 노력했었답니다.

Question 교육 기간 동안 힘들진 않았나요?

너무 힘들었죠. 늘 '내가 잘해낼 수 있을까?'하는 생각이 들 정도로 힘들었어요. 하지만 다행인 것은 걱정만큼이나 스스로에게 엄격하기도 했어요. 걱정하며 아무것도 하지 않는 것이 아니라 늘 걱정과 함께해야 할 것들을 충실하게 했었지요. 특히 초반에 제가 화장이나 머리를 잘 할 줄 몰라서 시간도 많이 걸리고 지적을 많이 받았었는데 계속 연습하니 역시 스스로 발전하는 모습이 보이더라고요. 하지만 혼자서 버티는 것은 늘 더 힘들어요. 많은 동기들이 서로 응원하고 도와주며 부족한 점은 알려주었기에 교육을 잘 마칠 수 있었답니다. 이때 친구들은 지금도 만나며 자주 연락하는데 이제는 회사 동료가 아닌 친구로 평생 가겠지요.

Question 승무원 생활 중 기억에 남는 실수나 일이 있나요?

워낙 실수를 많이 하는 편이라 모든 일들이 생생하네요. 하하. 즐거웠던 기억도 많고 당황스러웠던 적도 있지만 지금 돌아보면 모두 다 좋은 기억으로 남아있어요. 한번은 승객이 저에게 "안대요."라고 말씀하셔서 저는 그분께 안대를 가져다 드렸는데 그 승객은 모니터가 작동이 안 되어서 모니터를 가리키며 "안돼요."라고 말씀하신 것이었어요. 그 승객은 안대를 건네는 저를 보면서 크게 웃으셨지만 전 죄송한 마음에 빠른 속도로 모니터를 리셋 해드렸던 기억이 나네요. 지금 생각하면 웃음이 나지만 당시에는 정말 죄송스럽고 실수했다는 사실에 무섭기도 했어요.

Question 첫 비행은 어떠셨나요?

첫 비행이라 팀장님께서 멘토 선배님을 지정해주셨는데 당시에는 선배님들이 가만히만 계셔도 무서울 시기라 잔뜩 긴장하고 있었죠. 그런데 선배님이 정말 잘 알려주시고, 친절하셔서 감동받았답니다. 비행을 마치고는 명함을 주시며 일하다가 힘들 때 연락하라고 하셨는데 아직도 그 모습이 기억에 남아요. '나도 나중에 이런 선배가 돼야겠다.'고 생각할 만큼 제 첫 비행에 강한 인상을 남겨주신 선배님이었어요.

Question 승무원이 된 후 주변의 반응은 어땠나요?

승무원이 되기를 권유해주셨던 어머니가 정말 자랑스러워 하셨죠. 가족들과 친구들에게 축하를 많이 받았어요. 하지만 승무원이 된 후 어쩔 수 없이 오해를 받기도 했지요. 휴일이나 연휴 때 쉴 수 없어서 친구들을 만나기도 힘들고, 비행 중에는 간단한 연락도 주고받기 어렵거든요. 체력적으로도 상당히 힘든 업무인데 밖에서 보는 것은 자주 해외를 다니며 늘 웃고 있는 모습이니까 힘들다고 말하면 이해를 못 하더라고요. 정말 어떤 일이나 상황은 직접 경험해본 사람이 아니면 모두 알 수 없겠다는 사실을 배우기도 했답니다.

Question 승무원만의 혜택은 무엇이 있을까요?

여행 등 혜택도 있지만 육아휴직 등의 제도가 정말 잘 되어 있어요. 그래서 여자들이 일하기 정말 좋죠. 특히 비행 일의 특성상 임신 사실을 알고 난 후부터 바로 휴직이 가능하고요. 물론 출산 후에도 마찬가지죠. 그래서 출산 후 일을 쉬는 분들도 있지만 많은 분들이 복귀해서 일을 하고 있답니다.

Question 승무원들이 선호하는 비행이 있나요?

다 장단점이 있는 것 같아요. 가까운 곳에 가면 그만큼 컨디션이 좋은 대신 바로바로 출근을 해야 하는 점을 고려해야 하고요. 장거리비행은 몸은 고되지만 보장 데이오프(day-off: 휴무)를 받으니 쉴 수 있는 점이 좋아요. 짧지만 해외여행을 겸할 수도 있고요. 한편, 특정 종교를 가진 나라는 비행 중 음식이 완전히 바뀌는 경우도 있어서 부담될 때도 있답니다. 하지만 그 나라에 대해 한 번 더 숙지하는 기회가 되기도 하니 한 가지 면만 보고 좋다, 나쁘다를 정할 수는 없을 것 같아요. 그래도 모든 비행은 균등하게 배정되어 특정 승무원만 가중되는 업무를 하는 경우는 없답니다.

승무원이 되고 나서 새롭게 알게 된 점은 무엇인가요?

승무원이 되기 전에는 일본 외에는 해외여행을 가보지 못해서 나라마다 입국규정이 다르다는 것을 몰랐어요. 나라마다 다르다는 것이 제게는 참 신기하게 느껴졌죠. 승객들이 단순히 서비스뿐 아니라 이러한 입국정보부터 국가에 대한 정보, 여행에 대한 팁들까지 저희에게 물어보는 경우가 많아서 승무원이 이러한 내용까지 숙지해야 한다는 것을 비행하면서 알게 되었어요. 어느 나라를 가더라도 그 나라에 대한 정보에 대해서는 가장 우선으로 숙지해야 한답니다.

Question **승무원 생활 중 힘들었던 점은 무엇인가요?**

저는 승무원 생활 중 결혼을 했었기에 당시가 참 많이 생각나네요. 제가 주말에 쉬는 일이 아니다 보니 결혼 준비가 힘들었어요. 매일 만나서 함께 준비해도 많이 다투고 힘들어하는 일인데 저의 스케줄 상 거의 만날 수가 없었죠. 새로운 삶을 준비하는 과정은 육체적으로도 정신적으로 매우 힘듭니다. 저역시도 마찬가지였지만 불평만 할 순 없기에 모든 것을 함께

정하는 것보다 다른 방법을 찾는 쪽을 선택했어요. 서로를 믿고 각자가 해결할 수 있는 부분들은 책임지고 진행하는 거죠. 결국, 상황보다는 어떻게 해결하는지 혹은 어떤 마음가짐을 가지는지가 훨씬 더 중요한 것 같아요.

승무원에 대한 오해와 진실이 있다면요?

굉장히 편하게 일하는 줄 아시는 분들이 많아요. 실상은 정말 엄청난 체력을 사용하는 일이지요. 거의 매일 무거운 것들을 들고 이동하는 일들이 가득하답니다. 쉽게 생각해서 기내에서 서비스를 받는 신문, 음료, 식사 등이요. 물론 모든 기내 물품을 승무원이 이동하는 것은 아니지만 기내서비스를 위한 일부 이동, 정리는 저희 손으로 한답니다. 한번은 제가 무거운 것을 들다가 실제로 허리를 다쳐서 고생한 적이 있었는데 주변 친구들이 네게 무거운 것을 들 일이 무엇이 있냐며 물어서 조금 서운한 적도 있었지요. 하지만 실제로 경험하지 못하면 모르는 당연한 것이니까요. 승무원을 꿈꾸는 친구들은 이런 점들을 꼭 미리 숙지하고 체력 관리에 힘쓰길 바라요!

승무원이 되고 난 후 자기개발은 어떻게 했나요?

승무원이 되고 나면 본인의 목표를 이루었다고 자기개발을 멀리하고 편하게 생활하는 사람들도 있어요. 참 아쉽죠. 물론 정해진 시간이나 요일에 쉬는 것이 아니기 때문에 고정적인 배움이나 활동을 하기 어려움이 있기는 합니다. 하지만 찾아보면 시간에 구애받지 않고 할 수 있는 것들이 굉장히 많거든요. 쉽게는 운동부터 외국어 공부, 다른 취미생활도 그렇고 결국 본인의 시간을 어떻게 쓰느냐에 따라 내일의 삶의 달라지는 것 같아요. 학원을 다니지 못하더라도 독학을 통해서 최소한 자격증의 유효기간이 끝나기 전에 연장하는 것부터 챙겨가면서 능동적인 자기개발을 멈추지 않아야 합니다.

비행 중 재미있는 에피소드가 있나요?

저의 이야기는 아니지만 한 에피소드를 소개해 드릴게요. 비행 중 휴식을 위해 다른 조의 승무원들과 교대하는 시간에 가방을 가지고 이동하던 중 한 고객이 승무원을 붙잡았어요. 갑자기 그 승무원에게 요리하러 가냐고 묻더래요. 당황한 승무원은 교대시간이 되어서 휴식을 하러 간다고 말씀드리니 가스버너를 왜 들고 가냐고 하셨어요. 참고로 승무원들 가방이 사각형인데 그걸 휴대용 가스버너로 착각하셨던 거죠. 이렇게 호기심 많은 승객분들도 간혹 있답니다.

저 같은 경우는 재미있는 에피소드는 아니더라도 기억에 남는 승객들이 많아요. 중국에 출장을 자주 가시는 승객분을 다른 중국 비행에서 또 만나게 됐는데 탑승인사를 하는 제 손을 잡고 제 이름을 부르며 반가워 해주셨던 승객도 있었고요. 짧은 머리에 유니폼 머리띠를 착용한 저에게 직접 만든 머리띠를 선물해준 어린이도 있었죠. 엽서에 편지를 써서 줬던 학생도 있었어요. 한분 한분 제게 따뜻한 추억을 선물해 주셨네요.

승무원 유니폼에 대해 알려주세요.

간혹 유니폼을 입고 출퇴근하는 승무원들을 보시는 경우가 많이 있죠. 아무래도 여유 있게 준비하고 단정한 복장을 하기 위해 집에서 모두 준비를 마치고 온답니다. 승무원의 유니폼 착용에는 상당히 많은 규정이 있는데요. 집에서부터 이런 것들을 하나씩 준비하다 보면 자연스럽게 대한항공을 대표한다는 마음으로 이동하게 돼서 자부심을 많이 느끼게 되죠. 이러한 모든 것들이 유니폼이 주는 힘이 아닐까 생각됩니다.

8년 동안 비행을 하면서 긴 시간 동안 힘들었지만 참 행복했어요. 하지만 체력이 버티질 못해서 아쉽게도 퇴사를 결심했답니다. 나 혼자 아픈 것이 아니라 모두에게 피해가 된다는 사실이 참 힘들었어요. 다른 직업도 마찬가지지만 승무원은 특히 체력관리가 중요하다는 점을 꼭 알려주고 싶어요. 일을 하다가도 무거운 것을 빨리, 그리고 많이 들고 싶어서 무리해서 움직이는 경우가 있는데 이것도 장기적으로 보면 좋지 못한 행동이에요. 결국 몸이 탈이 나면 나뿐만 아니라 팀에 피해를 줄 수 있으니 늘 건강하게 일할 수 있도록 신경 써야 합니다.

끊임없는
도전으로
매일
성장하다

▶강의를 마치고 나서

▶ 학생들을 만나 강의하는 모습

현재는 어떤 일을 하고 계시나요?

제가 가장 잘 알고, 좋아하는 일을 하고 있답니다. 바로 승무원을 꿈꾸는 친구들을 가르치고 있고 또 학교나 기업에 CS(Customer Satisfaction: 고객만족)와 마인드 교육을 함께 하고 있어요. 8년간 배우고 직접 체험했던 노하우를 비행을 꿈꾸는 친구들에게 알려주고 싶다는 게 계기가 되었어요. 한참 제가 준비할 때는 학원이나 스터디 외에는 찾아보기 힘들었거든요. 막연히 준비를 하는 친구들에게 조금이라도 확실한 도움을 주고 싶었습니다.

현재하고 있는 일의 장, 단점은 무엇인가요?

먼저 자유롭게 일을 할 수 있는 것이 정말 좋아요. 스케줄에 매이지 않고 만약 스케줄이 있어도 스스로 계획한 것이니까 여유로운 마음을 가질 수 있어요. 그리고 제가 잘하는 것으로 우리 친구들에게 도움을 줄 수 있는 일이니 보람을 많이 느끼기도 하고요. 대신 직장생활은 아니니 안정적인 수입을 기대하기는 어렵죠. 하지만 결국 제가 발로 뛴 만큼 결과가 생기는 것이기에 결코 단점이라고 보긴 어려울 것 같아요.

기억에 남는 학생이 있나요?

집이 충주인 학생이 있었어요. 충주에서 서울까지 먼 거리를 결석도 지각도 하지 않고, 심지어 서울을 올 때마다 스터디도 2개씩 참여하면서 최선을 다하던 친구였는데 결국 3개월 만에 본인의 가장 큰 고민이었던 부분도 고치고 원하는 항공사에 합격하는 결과를 얻을 수 있었죠. 승무원 멘토링을 하다 보면 제가 가르치는 입장임에도 불구하고 늘 학생들로부터 많은 것을 배우게 돼요. 최선을 다하면 정말 이루어진다는 것을 깨닫게 해준 학생이었답니다.

Question 다음 단계의 목표(꿈)은 무엇인가요?

올해 대학원에 진학해서 관심이 있는 분야에 대해서 공부를 하고 싶다는 생각을 갖게 됐어요. 그래서 이번에 관련 대학원에 응시해 합격했죠. 다음 목적지를 명확히 정하지는 않았지만 내가 하고 싶고, 끌리는 쪽으로 발걸음을 내딛는 중이에요. 멈추지 않고요. 그럼 결국 도착하게 될 거라 확신해요.

Question 직업을 고를 때 중요하게 생각하는 것이 있다면 무엇인가요?

하고 싶은 일을 하라고 말씀드리고 싶어요. 당연한 소리라고 느끼시겠지만 사실 요즘 사람들은 내가 하고 싶은 일이 아닌 타인이 봐서 좋은 일들을 하려고 해요. 그래서 더 힘든 것 아닐까요. 타인이 보는 눈이 아닌 내가 좋아서 즐길 수 있는 일을 찾으세요. 좋은 회사 가서 다른 사람한테 인정받는 것도 좋지만 결국 일을 하는 것은 본인이니까 더 오래, 즐겁게 할 수 있는 일을 하는 것이 현명한 것 같아요.

Question 하고 싶은 일은 어떻게 찾는 것이 좋을까요?

가장 쉬운 방법, 그리고 중요한 방법이 바로 다양한 경험입니다. 책도 좋고 간접적인 체험도 좋지만 결국은 내가 직접 해보며 스스로를 알아가야 해요. 많이 경험하고 시도해보세요.

Question 삶의 비전은 무엇입니까?

크게 보면 모든 사람들과 행복하게 살았으면 좋겠어요. 그러기 위해서는 나 자신이 행복한 것이 가장 우선이죠. 내가 행복해야 다른 사람을 둘러보고 또 도와줄 수도 있다고 생각한답니다. 내 인생의 주인공은 바로 나이고, 그리고 내 삶은 내가 살아가는 것이니까 앞으로의 인생을 어떻게 살아가야 할지 가장 잘 아는 사람 또한 '나'라고 생각해요. 내가 좋아하는 일, 즐길 수 있는 일을 하면서 스스로 만족하고 행복할 수 있는 삶을 살아가고 싶어요.

Question 승무원을 꿈꾸는 학생들이 준비해야 할 것은 무엇일까요?

여러분의 일상생활을 점검해 보는 것이 중요합니다. 사람들을 대할 때 항상 예의 바르게 행동하는 것만큼 좋은 방법은 없는 것 같아요. 결국은 평소 모습이 나오는 것이라서 늘 '나는 승무원이다!'라는 생각으로 생활을 한다면 반드시 좋은 결과가 있을 겁니다. 제 주변의 많은 승무원들도 이렇게 준비한 경우가 정말 많거든요. 그리고 공부도 게을리하면 안 되겠지요. 항공사에 따라 학점제한이 있는 항공사가 있기 때문에 성적관리를 소홀히 해서는 안 됩니다. 특히나 학점이나 외국어시험 점수 같은 경우 그 사람을 객관적으로 평가할 수 있는 지표가 될 뿐만 아니라 꾸준한 자기관리를 보여주는 대표적인 것 중 하나이니까요.

Question 승무원을 준비하는 학생들에게 주는 꿀팁이 있다면!

　현재 하고 있는 일에 최선을 다했으면 좋겠어요. 학생들에게 과제나 여러 가지 정보를 주면 어떤 학생들은 하지 않거나 대충하는 친구들이 있어요. 참 안타깝죠. 하지만 어떤 학생들은 정말 저도 놀랄 만큼 충실히 하는 친구들이 있어요. 그런 친구들은 문제점이 있어도 어떻게든 해결하고 결국 원하는 결과를 얻더라고요. 성의 있게 최선을 다하는 것도 습관이 된답니다.

　또 한 가지, 이것만은 꼭 추천해 드리고 싶은 방법인데요. 본인의 모습, 스피치 등을 촬영해서 직접 보세요. 그것만큼 좋은 개선방법이 없답니다. 내 목소리나 모습을 영상으로 보면 너무 어색하게 느껴지기 때문에 보는 것 자체가 힘들어요. 저도 알고 있답니다. 하지만 이미 지나 스피치는 객관적으로 보고 듣고 판단해야 개선할 수 있어요. 요즘은 휴대폰의 음성 녹화나 동영상 기능이 정말 잘 나오니까 꼭 해보시길 바랍니다. 차곡차곡 쌓아두고 변해가는 모습을 보는 것만으로도 본인에게 큰 힘이 될 겁니다.

Question 승무원이라는 직업을 추천해주고 싶으신가요?

　본인이 원한다면 응원하겠습니다. 어떤 일이든지 본인이 직접 경험해보지 않고서는 호불호를 말할 수 없는 것 같아요. 아무리 일이 힘들어도 자신이 진정으로 원해서 하는 일이라면 참아낼 수 있으니까요. 무엇이든 본인이 직접 경험하고 자신만의 결과를 만들어 내는 게 중요한 것 같아요.

많은 경험을 쌓으라고 말해주고 싶어요. 영어점수나 학점도 물론 중요하지만 앉아서 공부하는 것만큼 직접 발로 뛰어다니며 다양한 체험을 하는 것 또한 정말 중요하답니다. 그리고 오로지 경험을 통해서만 배울 수 있는 것들이 굉장히 많이 있답니다. 간절히 바라고 원한다면 꿈은 이루어집니다. 발로 뛰어 직접 경험하며 생동감 넘치는 삶을 살아가길 진심으로 응원하겠습니다!

오랫동안 선생님이라는 직업을 꿈꾸며 조용한 학창시절을 보낸 소녀였다. 그러다 고등학교 시절부터 활발한 성격의 친구들과 함께하며 외향적이고 털털한 성격을 가지게 되었고 대학 진학 후 학과 농구대회 대표까지 할 정도로 적극적인 성격을 지니게 되었다. 공과대학에서 이미지시스템공학을 배우며 사진, 인쇄, 렌즈 굴절 등 승무원과는 다소 거리가 멀었던 학문을 공부했지만 대학시절 우연히 경험한 해외어학연수를 통해 해외생활을 꿈꾸게 되며 외국항공사 승무원이라는 꿈을 마음에 품었다. 이후 영어 실력을 높이기 위해 부산에서 진행하는 국제행사는 모두 참석하려고 노력하는 등 목표를 이루기 위해 최선을 다했던 덕분에 승무원이라는 꿈을 이룰 수 있었다. 고심 끝에 국내항공사에 먼저 도전하고자 대한항공에 입사한 그녀는 5년간의 비행 동안 부사무장까지 경험하며 2011년 인생의 전환점을 맞아 현재는 승무원을 가르치는 선생님으로, 또 꾸준히 공부한 영어 실력을 통해 통역사로도 활동하고 있다.

업튜승무원양성센터장
권다영

- 현) 업튜승무원양성센터장
- 전) 대한항공 객실승무원(부사무장)
- 2007년 대한항공 입사
- 부경대학교 교육컨설팅 박사 과정 중
- 부경대학교 국제대학원 TESOL 석사
- 부경대학교 이미지시스템공학 학사

승무원의 스케줄

권다영
대한항공
승무원 시절의
하루

16:30pm 미국 뉴욕 비행 기준 일과랍니다

07:00~
▶ 기내 정리 및 휴식

11:30~13:00
▶ 기상 및 유니폼 착용

17:00~06:30
존에프케네디국제공항
(뉴욕) 도착

13:00~14:00
▶ 공항으로 이동

16:30~17:00
▶ 승무원 탑승 및
이륙 준비

14:00~16:30
▶ 브리핑 참석

공대소녀,
승무원에
도전하다

▶ 아름다운 유니폼을 입고

▶ 숙소에서 친구가 찍어준 사진

Question 학창 시절을 어떻게 보냈나요?

중학교 때까지는 내성적인 성격이었답니다. 친구들도 저를 얌전하고 조용했던 아이로 기억하더라고요. 하지만 고등학교를 진학 후 활발한 친구들을 사귀게 되면서 저 역시 활달한 성격으로 바뀌었어요.

Question 어린 시절 장래희망이 궁금해요.

학생 때는 항상 선생님을 꿈꿔왔어요. 부모님도 마찬가지이셨고요. 하지만 대학시절 어학연수를 통해 꿈이 승무원으로 바뀌었죠. 지금은 승무원이 되고 싶은 친구들을 가르치고 또 진로나 CS(Customer Satisfaction: 고객만족)등의 강의를 하면서 선생님이 됐네요.

Question 전공은 무엇이었나요?

모두 놀라시던데, 저는 공대생이었답니다. 이미지시스템공학을 전공했는데 쉽게 설명해드리면 인쇄나 사진 현상, 렌즈 굴절 등을 배우는 곳이에요. 승무원은 특별히 학과제한이 없기 때문에 저 같은 공대생, 그리고 다양한 전공의 학생들도 충분히 지원할 수 있답니다.

Question 공대를 지원한 이유는 무엇이었나요?

고등학교 시절부터 확실히 이과 체질이었지만 진로에 대한 뚜렷한 계획은 없었어요. 이과여서 자연스럽게 공대를 생각했고, 또 사진이라는 것은 배워두면 어딘가에는 쓰일 것 같아서 관련 학과를 선택했어요. 일찍이 승무원이라는 꿈을 정했다고 해도 굳이 전공을 승무원에만 맞추어서 선택할 필요는 없을 것 같아요. 어차피 승무원이 되고 나면 워낙 교육을 탄탄하게 받기 때문에, 중고등학생 시절에 좋아하는 과목이 있다면 그것에 맞추어 대학에 진학하는 것도 충분히 좋은 선택이라고 생각합니다.

Question 학창시절 기억에 남는 에피소드가 있나요?

워낙 털털한 성격 탓에 대학 때는 주로 친구들과 농구하러 다녔던 기억이 많아요. 심지어 농구대회까지 학과 대표로 나가서 1등을 했던 기억이 있어요. 실제 승무원 면접에서도 취미를 농구로 적었는데 건강하고 활기찬 모습을 좋아하셨었어요.

Question 학창시절 진로에 도움이 될 만한 활동은 무엇이 있었나요?

처음에는 외국항공사에 입사하고 싶어서 꾸준히 영어공부 스터디를 했어요. 그리고 부족한 영어 실력이었지만 부산에서 진행하는 국제행사는 거의 다 참여하려고 노력했습니다. 지금 생각해보면 참 부끄러운 영어 실력이었지만 도전정신만큼은 엄청났던 것 같아요. 특히 통역은 각 담당자들이 저만 보고 있으니 더욱 책임감이 강해져 힘들어도 꾸준히 영어공부를 할 수 있었던 계기가 됐죠.

Question 승무원의 꿈은 언제부터 가지게 되었나요?

대학 졸업 전에 합격했던 케이스였는데 사실 학점은 그리 좋지 않았어요. 하지만 영어를 좋아해서 영어 실력 하나만큼은 다른 친구들보다 좋았답니다. 저는 대학시절 해외연수 기회가 있어서 다녀왔는데 힘들어하는 친구들과 달리 제게는 너무나 잘 맞더라고요. 연수를 마치고 돌아오는 비행기에서 '어떻게 하면 외국에 다시 나가서 살 수 있을까?'하는 생각을 하다가 그때 외국항공사 승무원이 되고 싶다는 생각을 처음으로 하게 되었던 것 같아요.

Question 외항사 승무원이 아닌 국내승무원이 된 이유는 무엇이었나요?

처음의 꿈이었던 외국항공사를 준비할 때 한 번에 최종까지 갔어요. 하지만 만약을 대비해 당시 공채 시기가 겹쳤던 대한항공도 함께 준비했는데 운 좋게 같이 합격했었죠. 많은 고민 끝에 일단은 바로 외국에 나가기보다 국내에서 생활하며 경험해보고자 대한항공을 선택했답니다. 이 선택으로 더 좋은 점도 있었고 힘들었던 점도 있었지만, 결과적으로는 좋은 선택이었던 것 같아요.

Question 진로를 결정할 때 본인만의 기준이 있나요?

내가 좋아하는 상황이 무엇인지 생각하는 것이 참 중요하답니다. 저 같은 경우에는 외국에 살거나, 그와 관계된 일을 하고 싶었고 가능하면 전문직이었으면 좋겠다는 생각을 늘 했어요. 좋아하는 상황을 생각하며 하나하나 맞추어 가다 보니 제 진로에 대한 확고한 기준이 생기더라고요.

Question 진로 결정 시 도움을 준 사람은 누구인가요?

저에게는 아버지였어요. 굉장히 보수적인 분이시라 제가 외국에서 살거나 혹은 잦은 비행이 있을 수밖에 없는 승무원을 꿈꿀 때 사실 반대하실 줄 알았거든요. 하지만 제가 대학 시절부터 꾸준히 꿈을 위해 공부하고 어학연수 등 다양한 활동 등을 통해 발전하는 모습을 바로 옆에서 지켜보셔서 그런지 오히려 승무원이 되겠다고 말씀드렸을 때 흔쾌히 허락해 주시며 많은 상담과 조언을 해주셨어요.

Question 승무원 준비는 어떻게 했나요?

처음의 꿈이 외국항공사 승무원이어서 외항사 전문 학원에 다녔었는데, 좋은 프로그램이었지만 아쉽게도 저의 스타일과는 맞지 않아 큰 도움이 되진 않았어요. 인원이 많아서 한 명 한 명 수준에 맞는 수업을 진행하는 게 불가능하기도 하고요. 학원에 다니면서도 어떻게 준비해야 하나 고민하던 시기에 한 스터디 모임을 알게 되었어요. 저보다 훨씬 나이가 많은 언니들의 모임이었는데 감사하게도 스터디 경험이 없던 저를 그 모임에 참석할 수 있게 해주셨죠. 자발적인 스터디 모임이었지만 서로 정보를 공유할 뿐만 아니라 모의 면접 등 다양한 시뮬레이션을 하며 최선을 다해 준비한 덕분에 좋은 결과를 낼 수 있었답니다. 스터디 모임을 했던 경험은 지금 하고 있는 일을 시작하는 계기가 되었죠. 소규모 클래스를 운영하며 개개인의 수준과 상황에 맞는 적절한 도움을 주는 것을 중요하게 생각하게 되었거든요.

멀티플레이어의 다른 이름, 승무원

▶ 비행 후 여행 중에 한 컷

▶ 비행 후 여행 중에 한 컷

▶ 기내 서비스 중 한 컷

Question 승무원 시절 가장 많은 영향을 주신 분은 누구인가요?

저희 사무장님이셨어요. 팀에서 가장 높은 팀장님이시기도 하신데 제가 근무 기간과 성실한 업무를 인정받아 이코노미에서 일하다가 비즈니스와 퍼스트를 담당할 기회가 왔었던 적이 있어요. 무엇을 하든 잘하고 싶은 마음이 강한 성격이라 처음에는 자신 있게 도전했는데, 같은 비행공간인데도 승객과 서비스가 달라지니 다시 신입이 되는 기분이 들었어요. 많은 실수를 했고 정신적, 육체적으로 참 많이 힘든 시기였죠. 하지만 저희 사무장님께서는 실수에 대해 관대하셨답니다. 실수는 지적받고 혼도 나면서 고쳐지는 것이지만 아마 제 성격과 특성을 이미 꿰뚫어 보고 계셨던 것 같아요. 마음은 간절한 데 적응이 안 되어 실수하는 제 모습에 스스로 많이 질책하고 힘들어하는 것이 보였는지 저를 따뜻하게 다독여 주셨어요. 가끔 제가 실수로 풀이 죽어 있으면 "저 손님 한 분만 우리 고객이 아니다, 다른 나머지 승객들을 생각해서 끝까지 힘을 내야 한다."며 정말 많은 조언을 해주셨어요. 물론 따끔하게 혼내는 상사분도 좋지만, 저의 경우에는 이렇게 따뜻한 사무장님이 있어서 힘든 시기도 잘 버틸 수 있었던 것 같아요.

Question 아침 출근 준비시간은 얼마나 걸리나요?

처음에는 2시간 이상 소요되었어요. 일어나서 씻고 밥 먹는 시간을 제외하고 화장이나 머리가 단정하게 되지 않으면 다시 하는 시간이 오래 걸렸었거든요. 하지만 이것도 익숙해져서 30분 정도면 완벽하게 갖춘 모습을 할 수 있게 된답니다.

Question 승무원이 되길 잘했다고 생각한 순간은 언제인가요?

매 순간 이런 감정을 느끼지만, 가장 좋았던 일은 어머니를 모시고 해외여행을 다녀온 것이에요. 물론 해외여행은 다른 직장인들도 충분히 가능한 일이지만 승무원의 장점인 저렴한 항공권을 통해 90% 정도 할인된 금액으로 해외를 가니 알뜰하신 어머니는 더욱 행복해하셨죠. 재미있는 사실은 당시 후쿠오카를 갔었는데 비행기 값보다 일본 내에서 이동하는 차비가 더 비싸서 어머니와 웃었던 기억이 나네요.

Question 승무원 교육 기간은 얼마나 되나요?

교육 기간은 2개월 정도였는데 지금은 3개월로 늘어났어요. 교육은 서울에서 다 같이 받고, 합숙이 아닌 출퇴근 방식이에요. 교육은 크게 우리가 보통 비행기를 이용할 때 보는 서비스들에 대한 교육과 안전교육으로 이루어집니다. 사실 안전이라는 것은 눈에 보이지 않아서 이렇게 많은 교육이 필요할까 의아하게 생각하는 경우도 있지만, 위기상황에 몸이 자동적으로 움직이도록 하기 위해 정말 눈물 나게 힘든 훈련을 받습니다. 승무원은 안전과 한 몸이 되어야 해요.

Question 교육 시 주의 사항과 내용은 무엇인가요?

기본적으로 교육생은 항상 단정해야 합니다. 이것도 교육의 일부분이에요. 우리는 더 이상 준비생이 아닌 승무원이기 때문이죠. 집에서부터 단정한 복장으로 출근해야 함은 물론이고 머리나 손톱 등도 항상 깨끗해야 해요. 서비스 카트를 직접 밀어보기도 하고 다양한 응대와 롤플레잉(role-playing: 역할 수행 연습), 기내에서 일어날 수 있는 모든 상황을 배우고 또 연습합니다. 그리고 일본어나 중국어 등 외국어 수업도 하고요. 교육은 매주 시험의 연속입니다. 특히 안전교육은 정말 중요한 사항이기 때문에 만약 시험성적이 커트라인을 넘지 못하면 아쉽게도 승무원이 될 자격을 잃게 될 수도 있답니다. 그래서 교육 중에도 늘 긴장할 수밖에 없어요.

Question 교육 중 가장 힘들었을 때는 언제였나요?

전체적으로 너무 힘들었어요. 저 같은 경우 지방에서 왔기 때문에 자취생활을 했는데 힘든 교육이 끝나고 집에 가서 가족들과 함께 시간을 보내는 친구들이 참 부럽더라고요. 그만큼 더 마음을 다잡아야 했어요. 그리고 교육 중이라고 해도 조금은 화려한 모습을 상상했었는데 정반대의 상황이 펼쳐졌죠. 한 날은 교육을 마치고 자취방에 귀가해서 저녁 식사로 컵라면을 먹고 있는데 부모님에게서 전화가 걸려왔어요. 순간 고민하다가 받지 않았죠. 왠지 이런 상황에 전화를 받으면 울어 버릴 것 같더라고요. 그래서 오히려 강한 마음을 먹으려고 컨디션이 좋을 때만 부모님과 통화했던 것 같아요.

Question 교육 중 기억에 남는 일은 무엇인가요?

힘든 교육일정 때문에 대부분의 교육생은 모두 심신이 지쳐있어요. 너무 추웠던 겨울날 수영장에서 실습을 하다가 허들 자세라고 물속에서 체온을 보호하기 위해 서로서로 붙어있는 자세를 하던 중에 갑자기 교관님이 개구리 왕눈이를 불러보라고 하더라고요. 처음에는 시키니까 해야지 하며 다들 그냥 노래를 하다가 어느 순간 다 같이 개구리 왕눈이를 부르며 엉엉 울었던 기억이 납니다. 지금 생각해보면 너무 재미있는데 당시에는 그렇게 서러울 수가 없었어요. 하하. 아마 그 교관님도 이런 반응을 알고 시키시지 않았을까 하는 생각이 드네요.

Question 승무원을 한마디로 표현하자면 무엇인가요?

승무원은 '멀티플레이어'라고 생각해요. 일반적인 상황에서는 서비스맨이지만 승객이 아플 때는 의사가 되었다가 기내에 다양한 위험이 생기면 소방관도 되고 경찰도 되어야 하죠. 확실히 일반 서비스직과 다른 것 같습니다. 더 힘들고 어려운 교육을 받는 이유이기도 하고요.

Question 브리핑은 어떤 내용으로 진행하나요?

보통 20~30분 정도 기본적인 국가정보, 날씨, 기종, 안전장비 위치 등등을 공유하고 특이승객에 대한 정보도 사전에 숙지한답니다. 특히 제가 있었던 대한항공은 혼자 외국을 가는 어린 친구들을 안전하게 보호해주는 '플라잉 맘(flying mom)' 서비스가 따로 있었는데 아무래도 아직 어른의 도움이 필요한 나이의 친구들이다 보니 서류부터 기내 서비스까지 1:1로 전담하여 담당 승무원이 책임지고 보호해줬어요. 그리고 기내에 있었던 일들이나 식사 내용 등을 적은 편지를 부모님께 보내어 걱정하지 않으시도록 노력했었답니다. 이러한 서비스를 하기 위해서는 사전에 철저한 준비가 필요하다 보니, 브리핑시간은 정말 중요한 시간이죠.

Question 브리핑 시에 신입사원이 받는 질문은 주로 어떤 것인가요?

매 비행과 선배들의 스타일에 따라 다르지만 기종에 대한 질문이나 안전장비의 위치, 그리고 시간에 대한 질문도 많이 받습니다. 예를 들어 "지금 뉴욕은 몇 시인가요?"라는 질문을 받으면 순간 당황하죠. 시차가 달라서 머릿속으로 계산이 필요해요. 대답이 늦으면 혼이 나기도 한답니다. 비즈니스 때문에 해외로 가는 손님들은 종종 시간을 물으시기에 이러한 기초적인 정보들은 꼭 숙지하고 있어야 합니다.

Question ## 비행이 있는 날의 하루일과는 어떠한가요?

예를 들어 9시 비행이 시작되면 브리핑은 보통 2시간 전에 진행됩니다. 즉 그 전에 출근 및 단정한 모습은 기본이고 공부까지 마친 상태여야만 해요. 브리핑 후 비행기에 탑승해서 승객을 맞이하기 전에 기내 상황을 점검하고 정리합니다. 그리고 탑승객을 맞이하고 난 후부터 다양한 서비스나 장거리의 경우 식사를 준비하죠. 따뜻한 음식은 따뜻하게 드실 수 있도록 데우고 반대로 차가운 음식은 차갑게 관리해야 해요. 또 개별적인 서빙이나 요청사항을 해결해드리고 면세품을 판매하는 일들도 빼놓을 수 없는 중요한 업무입니다. 다행히 장거리 비행 중에는 컨디션 조절을 위해 2시간 정도씩 돌아가면서 휴식시간이 있어서 저희도 중간중간 휴식을 취하기도 합니다.

Question ## 승무원 시절 기억에 남는 에피소드가 있나요?

비즈니스에서 일할 때 마침 한 승객분이 생일이셨어요. 기내에서는 휴대폰을 꺼두셔야 하니 생일을 축하받을 수가 없잖아요. 제가 대신 축하를 해드리고 싶어서 간단하게 케이크와 샴페인을 준비해놓고 기다렸죠. 그런데 손님이 많이 피곤하셨는지 계속 주무시는 거예요. 당황했지만 다행히 잠시 화장실 다녀오는 사이를 기다렸다가 급하게 서프라이즈로 축하

를 해드렸던 기억이 나요. 너무 좋아하시는 모습이 예쁘셨고 저도 기뻤어요. 감사하게도 차

후 본인이 직접 쓴 책을 집으로 보내주셨어요. 첫 책을 받게 돼서 저도 정말 기뻤던 기억이 나네요. 아직도 가지고 있는데 그분이 짧은 손편지까지 써주셔서 가끔 꺼내보곤 한답니다.

Question 비행 중 당황스러웠던 순간이 있었나요?

당황스러운 실수는 너무 많아서 셀 수도 없지만, 가끔 비행 중에 만난 손님들을 목적지에 도착해서 다시 만나면 조금 당황스러울 때가 있어요. 저희는 많은 고객분들을 모시다 보니 밖에서 만나면 기억하기가 어렵잖아요. 그런데 지켜보셨던 승객분들이 반갑게 인사를 해주셔요. 한번은 제 고향인 부산분들이 승무원 좌석 바로 맞은편에 앉으셔서 친근한 사투리를 들으며 함께 이야기를 나눴던 적이 있어요. 이후 도착해서 동료와 식당에서 밥을 먹다가 그분들을 다시 만났는데 절 보고 너무 반갑게 인사해주셔서 동료가 친구냐며 물었던 기억이 나네요.

Question 승무원이 되고 나서 새롭게 알게 된 점이 있나요?

승무원이 겉으로 보면 굉장히 화려해 보이는 직업이잖아요. 인기직업이기도 하구요. 하지만 기내에서는 정말 철저하게 낮은 자세의 서비스맨이 되어야 해요. 가끔 고객 중에 기류 때문에 비행기가 흔들려서 속이 안 좋아 구토를 하는 분도 계세요. 당연히 치워야 하는 것이 맞지만 저도 사람인지라 때론 그런 일들이 참 힘들어요. 하지만 아무리 힘든 상황이 생겨도  머리가 아니라 몸이 먼저 달려가서 거뜬히 처리하고 있는 제 모습을 보면 스스로가 대견하죠. 승무원은 끊임없이 자기를 낮추어야 하는 봉사 정신이 필요하다는 사실을 언제나 새롭게 깨달았던 것 같아요.

승무원이 지켜야 할 가장 중요한 한 가지를
꼽자면 무엇인가요?

중요하지 않은 것은 없지만 그중에 제일은 시간 약속입니다. 승무원마다 맡은 구역과 담당이 있는데 본인의 지각으로 만약 탑승하지 못한다면 승객들에게 정말 죄송한 일 아닐까요. 물론 이런 일이 발생하지 않도록 항공사에서 적절하게 대응하지만 시간약속이야말로 기본 중에 기본이라고 생각됩니다.

Question 승무원에 대한 오해와 진실은
어떤 것이 있을까요?

겉으로 보기에는 멋진 유니폼을 입고 전 세계를 다니는 아주 화려한 직업처럼 보여서 아무래도 특별한 사람이라는 오해를 많이 받아요. 그런데 저희도 여러분과 똑같은 평범한 가정의 딸이자, 직장인, 그리고 누군가의 친구예요. 특히 마음씨가 착한 분들이 정말 많은데 승무원 시험을 여러 차례 보는 이유가 바로 이것을 보기 위한 것 같아요. 진정한 서비스 마인드는 결코 만들어져서 나올 수 없는 부분이고 특히 체력이나 정신적으로 더욱 많은 에너지를 요구하는 비행기 내에서의 서비스는 더욱 힘들어요. 기본적으로 친절하고 봉사하기를 좋아하는 성향을 가진 사람을 채용해야 위기 시에도 자연스럽게 승객을 위한 여러 가지 서비스를 할 수 있거든요.

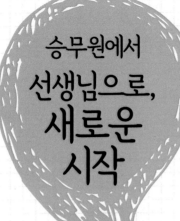

승무원에서
선생님으로,
새로운
시작

▶ 비행 후 여행 중에 한 컷

▶ 열성을 다해 강의하는 모습!

삶의 비전은 무엇인가요?

다른 사람에게 도움이 되는 사람이 되고 싶었어요. 작지만 봉사를 하는 것을 통해 즐거움을 많이 느꼈고 삶이 더욱 만족스러워지더라고요. 지금도 학생들을 가르치는 직업으로 전향을 하고 많은 학생들을 만나면서 도움을 주고자 노력하고 있는데요. 특히 승무원 생활을 경험해 본 사람으로서 제가 알려 줄 수 있는 최선의 정보를 줄 수 있기에, 현장에서 일할 때도 좋았지만 지금의 제 모습도 너무 좋아요. 소통을 위해 만든 저의 블로그에 많은 질문이나 쪽지들이 들어오는 데 모든 답 글들을 달고자 노력하는 이유가 이것이기도 합니다.

앞으로 이루고 싶은 꿈은 무엇인가요?

늘 공부하고 발전하는 선생님으로 남고 싶어요. 제가 아무것도 노력하지 않고서는 학생들에게 무언가 노력하고 준비하라고 말하지 못하겠더라고요. 제가 노력하는 모습을 보고 학생들도 더욱 자극받는 것을 보며, 늘 먼저 행동하는 모습을 보여주고 싶어요. 그래서 지금도 꾸준히 통역 일도 하며 늘 긴장감 있게 영어공부를 하고 교육 관련 박사과정을 밟고 있지요. 차후 기회가 된다면 더욱 많은 학생들에게 도움이 될 수 있도록 항공운항 관련 교수에 대한 희망도 가지고 있답니다.

강의 중 기억에 남는 에피소드가 있나요?

고등학생 친구들의 취업강의를 나갔는데 이틀 과정이라 제법 친구들과 친해졌었죠. 그 중 몇몇 아이들이 수업 중에 나중에 저를 꼭 만나러 오겠다고 말했던 적이 있어요. '설마' 하며 잊고 있었는데 얼마 전에 면허를 따서 차를 몰고 저를 만나러 왔더라고요. 학생과 선생님으로 만났지만 이제 같은 성인이 되어 인생 선후배로 맥주 한잔하는 기회가 오다니 정말 신기하고 행복해요.

Question 통역사 활동도 꾸준히 하고 계시나요?

네. 저는 전문통역사는 아니지만 계속 활동하고 있답니다. 보통 통역은 영어를 무척 잘해야 할 수 있는 일이라고 생각하는 경우가 많아요. 맞는 부분도 있지만 저에게는 반대로, 영어를 잘할 수 있게 만들어주고 잘해야 하는 이유가 되는 일이기도 하답니다. 공부라는 게 자극이 없으면 자발적으로 하기 어려운 일이기도 하잖아요. 하지만 꾸준히 하고 있는 통역 일은  제가 지속적으로 영어를 놓지 않고 발전시켜야 하는 이유가 되어주고 있어요. 매번 다른 상황을 통역하며 긴장감 있게 공부를 하다 보니 정말 큰 도움이 돼요. 특히 승무원 생활을 했었던 게 더욱 도움이 되는데 해외 바이어를 만날 때 제가 해당 국가를 다녀왔던 경험을 이야기하면 빠르게 친해지는 계기가 되기도 한답니다. 한 번은 경마 관련한 미팅에서 통역을 했는데 해외담당자분이 재미로 하셨던 경마 경주에서 돈을 따신 것을 제게 다 주신 재미있는 추억도 있죠.

Question 승무원 준비를 코칭했던 학생 중에 기억에 남는 학생이 있나요?

모든 학생들이 기억에 남지만 특히 제 학생 중에 승무원 시험을 8번이나 떨어진 친구가 있었어요. 이미 저에게 올 때는 8번 탈락을 경험하고 정말 '마지막이다'라고 생각하고 찾아왔는데, 제 마음도 한층 간절해서였는지 최선을 다해 둘이서 연습에 연습을 거듭한 결과 항공사에 입사하게 되어 정말 기뻐했던 기억이 납니다. 보통 몇 번 도전하고 안 되면 포기하는 친구들이 많은데 꿈을 위해 다시 일어서서 지속적으로 도전한 결과, 성공의 기쁨을 느낀 그 학생에게 저도 참 많이 배웠답니다.

Question 가족이나 친구가 승무원을 한다면 추천하고 싶은가요?

저는 추천하고 싶어요. 물론 힘든 부분도 많지만 확실히 직업이 주는 장점이 정말 큰 것 같습니다. 그리고 만약 퇴사를 하게 되어도 승무원 생활을 하면서 경험한 다양한 문화들, 그리고 이미지 메이킹이나 매너 등은 평생 도움이 되리라 확신합니다.

Question 승무원을 꿈꾸는 학생들에게 해주시고 싶은 말씀이 있나요?

가끔 학생들 중에 승무원은 예쁜 외모나 신체조건이 필요하다고 생각하는 점이 참 아쉬워요. 멀리 보지 않고 저희 학생들만 보아도 정말 평범한 외모와 업무수행에 적절하고 건강한 신체조건이 갖춰진다면 다른 것은 크게 문제가 없답니다. 오히려 중요한 점은 착한 마음씨에요. 평소 성실하고 착한 친구들이 더 좋은 결과를 내더라고요. 어떻게든 진심은 보이니까요.

그리고 또 하나, 자신만의 특별한 능력은 하나쯤 키우는 것이 좋아요. 특히 영어나 외국어 공부만큼은 꼭 열심히 하라고 말씀드리고 싶어요. '노력은 배신하지 않는다.'는 말처럼 여러분이 오늘 준비한 것들은 내일 더욱 멋진 여러분의 모습을 만들어 준답니다. 저도 여러분의 꿈을 돕기 위해 더욱 열심히 노력하겠습니다.

호기심 많던 학창시절, 가장 좋아했던 것은 그림 그리기였다. 오랫동안 만화가를 꿈꾸었지만 어떻게 준비하는지 몰라 진로를 찾기 위해 방황하던 시절이 있었다. 그러던 중 대학시절에 친한 친구를 먼저 떠나보내며 인생의 소중함을 깊이 깨닫게 되었고 하루하루 즐겁게 최선을 다하는 삶을 목표로 삼으며 인생의 전환점을 맞았다.

외항사 승무원이라는 꿈을 이루기까지 여러 가지 직업을 거쳐 무려 8년의 세월이 걸렸지만 조바심내지 않고 한 걸음 한 걸음 자신만의 속도로 최선을 다해 보낸 시간들이 결국 원하는 꿈을 달성하게 해주었다. 카타르 항공에서의 바쁜 승무원 생활 중 어린 시절의 꿈이었던 만화가까지 준비하며 지금은 외국항공사 승무원 생활을 웹툰으로 그려 '웹툰 그리는 승무원'으로 전 세계를 누비고 있다.

'현재에 충실하고 감사하며 미래를 꿈꾸자'는 인생모토를 가진 그녀는 다시 한 번 가슴 설레는 새로운 꿈을 꾸고, 실천하기 위해 노력하고 있다.

카타르항공 승무원 · 웹툰 작가
이지나

- 현) 카타르항공 승무원
- 현) 웹툰작가 (네이버 베스트 도전 만화)
  투명매니큐어를 바르는 승무원 연재 중
- 2009년 로얄캐리비안크루즈 카지노 딜러
- 2006년 세븐럭 카지노 딜러
- 2005년 클럽메드 리조트G.O
- 2005년 중앙대학교 영어학과 졸업

승무원의 스케줄

이지나
카타르항공
승무원의
하루

7:15am 스페인 바르셀로나 비행 기준 일과랍니다

14:00~
▶ 공항 픽업 및 호텔 도착,
이후 자유 시간

02:30~04:30
▶ 기상 및 비행 준비

07:15~13:25
▶ 이륙 후 약 7시간 비행,
스페인 바르셀로나 도착,
기내점검

04:30~05:25
▶ 숙소로부터 픽업,
공항으로 이동

06:00~07:15
▶ 승무원 탑승 및
보딩(Boarding)

05:25~06:00
▶ 브리핑 참석

지금의 나를 있게 해준 다양한 직업들

▶ 카지노 딜러시절 업무 중

▶ 카지노 딜러시절 업무 시작 전

▶ 클럽메트에서 동료들과 함께

Question 학창시절에 어떤 학생이었나요?

그림 그리는 걸 좋아하는 지극히 평범한 학생이었고 호기심이 많아 어릴 때부터 이것저 것 배우는 것을 좋아했어요. 성적은 늘 중상위권 정도를 유지했지만, 국어와 미술성적이 우수한 편이었고 수학은 못 하는 편이었죠. 학창시절의 성적이 현 직업에 직접적인 영향 을 미치진 않았지만, 대학시절 전공은 지금의 저를 만들어준 좋은 선택이었던 것 같아요.

Question 대학에서의 전공과, 전공 선택의 이유는 무엇이었나요?

어릴 때부터 유난히 미술 시간을 좋아했어요. 고등학교 진학 시 예술 고등학교에 관해서 우연히 들었는데 서울이 아닌 지방에서 무언가에 도전한다는 것에 한계가 있었어요. 당시 에는 주변에서 정보를 얻을 만한 데도 거의 없었고요. 아쉬웠지만 어쩔 수 없이 일반 인문 계 고등학교에 진학했고, 수학이 싫어서 문과를 선택했었어요. 당시에는 미술 외에는 하고 싶은 게 없었기 때문에 대학은 수능성적에 맞춰 영문학과로 진학했어요. 사실 미대에 진학 하고 싶은 마음이 있었지만 부모님의 반대로 포기했었죠. 생각해보면 그때는 제가 좋아하 는 일에 대한 확신이 부족해서 포기가 빨랐던 것 같아요.

Question 장래희망은 무엇이었나요?

부모님은 제가 선생님이 되기를 계속 바라셨어요. 하지만 전 중학교 때부터 만화가를 꿈 꿨어요. 지금은 외국항공사 승무원으로 활동하고 있지만 저의 꿈인 만화가도 함께 겸하고 있으니 결국 꿈을 이룬 거네요.

Question 학창시절 기억에 남는 활동은 무엇이었나요?

고등학교 시절부터 연극동아리 활동을 했어요. 대학생이 되어서도 연극동아리 활동을 계속했고 과대표 치어리더 활동도 했어요. 사실 제가 그렇게 활발하고 외향적인 성격이 아니어서, 처음에는 많은 사람들 앞에 서는 것이 쉬운 일은 아니었어요. 하지만 한번 용기를 내자 사람들의 시선을 한 몸에 받는 일은 짜릿하고 멋졌어요. 사람들 앞에 당당하고 자신감 있는 모습으로 있는 것이 참 좋았어요.

Question 진로에 대한 고민도 있었나요?

대학에 진학하고 나서 연극동아리와 치어리더 활동에 빠져 학과공부를 소홀히 했어요. 3학년이 되어서야 진로 고민이 시작되었죠. 저의 적성을 찾기 위해 번역 학원도 등록하고 웹디자인도 배우고 이것저것 시도하고 실패하는 과정을 반복했어요. 그러다 졸업을 하려면 일단 영어는 해야 하니까 휴학을 하고 어학연수를 가기로 결심했죠. 지금 생각해 보면 그때 겪은 실패들은 가장 잘 맞는 일을 찾기 위한 가치 있는 과정이었지만, 저에게 가장 부족했던 건 '끈기'였어요. 필리핀에서 4개월, 캐나다에서 10개월간 어학연수를 하면서 제 자신에게 굉장히 많은 변화가 생겼어요. 두렵고 설레던 첫 해외생활은 너무 잘 맞았고, 모든 것이 신기하고 흥미로웠어요. 영어로 외국인과 대화가 통하기 시작하니까 그때부터 영어도 재밌어지면서 해외 취업을 해야겠다는 막연한 생각이 들었어요.

Question 진로를 결정할 때 특별한 기준이 있었나요?

저는 즐겁게 일할 수 있느냐를 최우선으로 생각했어요. 힘들어도 자부심을 가지고 보람을 느낄 수 있는 일을 하고 싶었고요. 월급이나 복지 같은 것들은 그다음 문제인 것 같아요.

Question 인생을 살아오면서 크게 영향을 받은 부분은 무엇이었나요?

저의 삶과 진로에 가장 큰 영향을 끼친 건 제 마음가짐의 변화였어요. 캐나다에 도착하지 일주일 만에 인생을 바꿀만한 충격적인 사건이 있었어요. 2003년에 대구에서 일어났던 지하철사고로 초등학생 때부터 친했던 친구를 잃었거든요. 충격이 너무 커서 한동안 정신을 차릴 수가 없었어요. 그러다 시간이 지나고 서서히 마음이 회복되면서 '인생은 정말 짧구나. 그렇다면 한 번뿐인 인생을 지금부터는 최선을 다해 살아봐야겠다. 하고 싶은 건 실패하더라도 무조건 시도해 봐야겠다.' 라는 다짐을 하게 되었어요. 그때부터 현재에 집중했어요. 하루하루를 치열하게 제가 하고 싶은 일, 할 수 있는 일들로 꽉꽉 채우기 시작했어요. 전공 공부에 충실해서 성적 우수 장학금을 받았고, 매일 영어학원에서 초, 중학생들을 가르치며 제 힘으로 돈을 벌기 시작했고, 미래를 위해 각종 준비를 시작했어요. 열심히 하는 만큼 성과가 보이기 시작하니까 멀게만 느껴지던 것들이 가까워지기 시작하더라고요. 그때부터 저 자신에 대한 믿음도 쌓이기 시작했어요.

Question 외항사 승무원이라는 직업을 선택하게 된 계기는 무엇이었나요?

승무원이라는 직업을 알고는 있었지만 처음부터 승무원을 지망한 건 아니었어요. 외국 생활을 꿈꿨고 여행을 좋아했기 때문에 여행, 관광 관련한 일들을 하고 싶다는 마음이 커지면서, 다양한 직업을 조사했었어요. 그때 외국항공사 승무원이라는 직업을 알게 되고 관심을 갖기 시작했죠. 저는 대학시절 어학연수를 간 게 저의 첫 해외 경험이었고 첫 장기 해외생활은 외로움보다는 신기하고 재미있었던 기억이 너무 커서 그 뒤로 해외로 다시 나가는 걸 늘 꿈꿨어요. 또 경력의 공백 없이 여행도 할 수 있는 직업이면 좋겠다 싶었는데 여러 가지 검색해 보던 중 외국항공사의 근무환경이 굉장히 매력적으로 다가왔어요. 돈을 벌면서 세계여행까지 할 수 있으니까요. 그리고 저는 지방 출신이라 당시 서울에서 월세를 내며 살고 있었는데, 외국항공사는 숙소까지 제공해 주니까 좀 더 저금을 할 수 있겠다는 단순한 생각도 한몫했었던 것 같아요. 해외취업을 목표로 내 능력 범위 안에서 지원 가능한 일을 찾게 되었던 그 날은 너무 기뻐 잠이 안 오더라고요. 외항사 승무원은 국제적인 환경에서 다국적 동료, 승객들과 영어로 소통하며 일하고, 여행까지 실컷 할 수 있는 제가 꼭 원하던 직업이었어요.

Question ## 외항사 승무원이 되기 위한 과정은 어땠나요?

　외항사 승무원에 도전해 봐야겠다고 생각하고 몇 달 뒤, 저의 첫 면접은 '한국산업인력공단'에서 주최한 '국비지원 외항사 승무원 양성과정 1기'였고, 운 좋게 합격했어요. 3개월간 서울의 모 승무원 양성학원에서 국비지원으로 수업을 들으면서 서류준비부터 인터뷰준비까지 많은 걸 배웠습니다. 그때 처음 이렇게나 승무원을 희망하는 사람들이 많다는 것을 알게 되었고, 수업도 재미있었지만 꿈을 가진 사람들의 열정 속에서 저의 진로를 다시 한 번 확인하고 다질 수 있는 시간이었어요. 수업 덕분이었는지 그 당시 저의 꿈의 항공사였던 에미레이트항공에 처음 지원해 파이널면접까지 보게 되었어요. 과정은 서류심사, 학원 1차 면접, 학원 2차 면접, 현지면접관과 서바이벌면접(프레젠테이션, 암리치측정, 그림묘사, 필기시험, 에세이작성, 디스커션), 파이널 면접 순으로 진행되었는데, 파이널면접을 보기까지 3개월 정도 걸렸어요. 그런데 아직 대학생이었던 저에게 파이널인터뷰는 힘들더라고요. 아르바이트경력을 어필했지만, 제가 생각해도 답변이 많이 부족했던 것 같아요. 그래서 마지막 인터뷰를 보고 결과가 나오기도 전에 새로운 경험을 위해 다른 일에 도전했었죠. 결국 다른 나라에서 일을 하던 중 탈락 소식을 듣게 되었답니다.

승무원이라는 꿈을 이루기까지 시간이 얼마나 걸렸나요?

처음 준비를 시작했을 때가 대학생 때였는데, 8년 만에 승무원이 되었어요. 다들 끈기가 대단하다는 말을 많이 했는데 어릴 때부터 가장 부족했던 끈기에 대해 칭찬을 받으니 감회가 새로웠어요. 사실 승무원을 '언젠가는 꼭 하고 싶다.'라는 마음은 있었지만 승무원에만 집중한 건 아니고, 승무원 이외에도 해 보고 싶은 일들이 많이 있었기 때문에 저는 하나씩 이루면서 준비했던 것 같아요. 그리고 언젠가는 승무원의 꿈도 꼭 이룰 거라는 믿음이 있어서 긴 시간에도 불안하지 않았던 것 같습니다.

Question **외항사 승무원이 되기 전 직업들은 무엇이었나요?**

대학졸업반에 에미레이트항공사에 지원했다가 파이널인터뷰에서 탈락해서 1년의 패널티를 받았고, 1년을 가치 있게 보내고 싶어서 가고 싶던 발리로 떠났어요. 그렇게 인도네시아 발리에 위치한 '클럽메드리조트'에서 1년간 경력을 쌓고, 다시 외항사 승무원에 도전하기 위해 한국으로 돌아왔지만  우연히 '세븐럭카지노'에 입사하게 되어 무려 3년을 근무했지요. 그리고 '로얄캐리비안 크루즈'의 카지노딜러로 합격해서 다시 2년 4개월을 크루즈에서 근무했습니다.

지나고 보니 모든 경험들이 바탕이 되어 현재 외항사 승무원이 될 수 있었던 것 같아요. 외항사 승무원 면접에서는 경력 위주의 질문이 대부분인데 경력이 다양하다 보니 굳이 면접 준비를 따로 하지 않아도 자연스럽게 저의 서비스마인드와 대처능력을 보여줄 수 있었던 것 같아요. 면접관이 2분이셨는데, 그중에 한 분이 아르헨티나 출신이면서 예전에 크루즈 승무원이셨어요. 그래서 제가 크루즈를 타고 남미에서 일한 부분을 유심히 보셨고 더욱 많은 이야기를 나눌 수 있는 기회가 되기도 했답니다.

친구들은 내가 SNS에 가끔 올리는 여행 사진을 볼때
내 직업이 승무원이라는걸 가장 부러워한다.

바다색깔반!
어쩜저래~

크야~ 경치좋고
모델 좋고 ㅎㅎ

신혼여행지 세미셀?
옆에 남자만 있으면
딱이네ㅋㅋ

여기는 어딘겨?
안 가는데가 없구나...
진심 부럽다ㅠㅠ

화보촬영 다녀오심?ㅎㅎ
너의 직업...진짜최고!

외항사
승무원의
삶

▶ 기내 방송을 하는 모습

▶ 비행 후 여행지에서 보내는 시간

▶ 비행 후 여행 중 낙타와 함께!

현재 하시고 계신 일에 대해서
자세히 알려주세요.

저는 현재 카타르항공의 프리미엄 캐빈(퍼스트&비지니스 클래스)을 담당하는 승무원입니다. 제가 소속된 카타르항공은 카타르 도하를 베이스로 전 세계 150개 이상의 도시로 취항하는 중동 메이저급 항공사 중에 하나입니다. 세계적인 항공 평가 전문기관인 스카이트랙스(Skytrax)가 매년 실시하는 '스카이트랙스 어워드'에서 2011년, 2012년, 2015년 총 3회에 걸쳐 올해의 항공사 1위에 선정되었고, 세계 최고의 비즈니스 클래스로 매년 선정되기도 했고요.

Question 승무원이 되고 나서 새롭게 알게 된 점은
무엇이 있나요?

승무원의 많은 업무량입니다. 사실 승객에게 눈으로 보여지는 부분은 10%도 안 되는 것 같아요. 보통 여러 가지 서비스 음료 등이 나갈 때가 가장 바쁠 거라고 생각하시는데, 승무원이 가장 바쁠 때는 탑승 시작 전부터 이륙까지의 시간이에요. 바쁘게 뛰어다니며 각 좌석과 헤드셋을 정리하고, 서비스 카트와 무거운 기구들을 수십 번을 옮긴답니다. 사무장님의 '탑승 시작, 다들 포지션으로' 라는 기내방송이 나오면 그제야 유니폼 매무새를 가다듬고 환하게 웃으며 승객들을 맞이하지요. 이때부터가 보이는 승무원 업무의 시작이고요. 이륙을 위해 승무원 좌석에 앉아서도 머릿속으로는 무엇부터 해야 할지 정리하느라 항상 분주합니다. 승무원이 되어보니 상상했던 것보다 하는 일이 많아서 저도 놀랐답니다.

Question 어떤 마음가짐으로 일을 하시나요?

승무원 트레이닝을 받을 때부터 진심을 다한 서비스를 제공하고자 다짐했습니다. 직종은 다르지만 계속 관광서비스분야에서 일해 왔기 때문에 승무원의 일도 다른 서비스분야와 비슷할 것이라고 생각했어요. 그런데 비행기 안은 생각보다 훨씬 더 다양한 사람들이 모인 공간이더라고요. 제가 아무리 진심을 다해도 통하지 않을 때가 가장 힘들지만, 그래도 저는 어쨌든 서비스를 제공하는 입장이므로 항상 승객의 입장에서 먼저 생각하고 이해하고자 노력합니다.

Question 외국에서 홀로 살아간다는 것은 어떤가요?

먼저, 장점은 인생이 다채로워져요. 많은 것을 보고 경험할수록 세상을 보는 시야가 넓어지고, 세상에는 내가 모르는 것들이 얼마나 더 많이 존재하는지 알 수 있어 매일 매일이 흥미롭습니다. 단점은 외국에서 사는 건 흔히 외로움과의 싸움이라고들 하지요. 외로움과의 싸움은 다시 말하면 자신과의 싸움인 것 같아요. 특히 한국보다 많이 보수적인 중동에서의 생활은 첫 장기외국생활이 아님에도 불구하고 힘겹게 느껴질 때가 많습니다.

Question 외항사를 꿈꾸는 친구들이 준비해야 할 것은 무엇인가요?

승무원은 자기관리가 특히 중요한 직업입니다. 단정한 외모와 체력관리는 기본이며 국제적인 매너를 키울 수 있는 장점이 있는 매력적인 직업임에는 분명합니다. 하지만 균형이 한번 깨지면 감정적으로 걷잡을 수 없이 힘들 때도 많고, 체력적으로도 상상 이상으로 힘들어서 솔직하게 말하자면 본인의 결정으로 간절하게 승무원을 지망하지 않는 이상은 적극 추천하기도 어렵답니다. 그만큼 장, 단점이 분명해요. 외국항공사에 도전해서 합격한다면 그 순간이 끝이 아니라 새로운 시작이라는 마음으로 각오를 단단히 하고 오시고, 특히 외국항공사는 비행하는 이외의 시간에 베이스에서 즐길 수 있는 취미나 자신만의 목표를 하나 꼭 챙겨 오신다면 더 가치 있는 해외생활이 되지 않을까 생각합니다.

Question 인생에 있어서 중요하게 생각하는 가치관이 있나요?

저의 인생모토는 '현재에 충실하고 감사하며 미래를 꿈꾸자' 입니다. 하나만 바라보고 그 분야의 전문가가 되는 것도 멋지지만, 여러 가지 다양하게 경험해 보는 것 또한 인생을 즐기는 한 가지 방법이라고 생각됩니다. 평생 단 한 가지 직업만 가지란 법은 없어요. 하고 싶은 일은 많으면 많을수록 좋고 우선순위를 정해서 하나씩 이루어 나가는 삶을 살고 싶습니다. 여러 가지를 경험하는 가운데 저의 적성과 능력에 꼭 맞는 일을 발견해 갈고 닦아 마침내 빛난다면 그걸로 충분히 제 인생은 가치 있다고 생각합니다.

새로운 직업을
꿈꾸다,
웹툰 작가
이지나

▶ 비행 후 여행지에서

▶ 비행 후 여행지에서

▶ 비행 후 여행지에서

▶ 직접 그린 '투바승' 웹툰

Question 혹시 승무원 다음 단계의 꿈도 있으신가요?

현재 승무원이라는 직업에 자부심을 가지고 즐겁게 일하고 있지만, 전 아직 도전해 보고 싶은 게 많아요. 그동안의 경험상 해 보고 싶은 일들은 실패를 하더라도 꼭 해 봐야 미련이 남지 않더라고요. 그렇게 하고 싶었던 '승무원 이지나'는 해 봤으니까 다음으로 해 보고 싶은 건 '웹툰 작가 이지나', '여행에세이작가 이지나', '동기부여 강사 이지나', 그리고 '동네 책방 주인 이지나'입니다. 참 많죠. 사실 더 있는데 우선순위로 두고 있는 것이 이 네 가지예요. 다음 꿈을 이루기 위해 노력하는 과정 중에 또 어떤 것들이 추가될지 스스로도 기대되네요.

Question 꿈을 이루기 위해 노력하는 점은 무엇인가요?

책이나 다른 사람들의 경험담을 통해 끊임없이 저를 자극하고, 도전과 실패를 두려워하지 않는 마음을 유지하고자 항상 노력합니다. 무언가를 새로 시작하기 전 오래 고민하는 편이지만, 한번 마음을 먹으면 빠르고 적극적인 자세로 실행하려고 합니다. 그리고 일단 저지른 일에 대한 후회는 하지 않습니다. 어떤 결정을 내리든 충분히 고민하고 제 마음의 외침을 따라 내린 그 결정이 가장 후회가 적은 최선의 결정이라고 믿습니다.

Question 직접 그리신 웹툰, '투바승'을 연재하게 된 계기는 무엇이었나요?

쉬는 날이 거의 없는 크루즈에서 일하다가 승무원이 되고 보니 한 달에 8~10일 정도 되는 쉬는 날이 굉장히 길게 느껴졌어요. 언젠가는 만화를 해야지 하는 마음은 항상 가지고 있었는데 이때가 적기라는 느낌이 왔죠. 외항사 승무원의 생활을 바탕으로 한 만화는 흔하지 않은 소재이기 때문에 그림 실력이 부족하더라도 충분히 흥미를 유발할 수 있을 거라고 생각했습니다. 첫 휴가 때 한국에서 웹툰을 그릴 수 있는 타블렛을 구입해 와서 처음에는 개인 블로그에다 연재를 했죠. 그러다 보니 좀 더 많은 사람들이 내 만화를 보면 좋겠고, 외항사 승무원이라는 직업을 이해하시면 좋겠다는 마음에 포털사이트 '도전만화'라는 코너에 '투명 매니큐어를 바르는 승무원' 연재를 시작하게 되었습니다.

Question 웹툰 연재 후 달라진 점이 있나요?

거의 3년 정도 꾸준히 연재를 하면서 이제 웬만한 한국인 승무원들은 브리핑 룸에서부터 저를 알아보세요. 만화를 보고 호감을 가지고 다가오셔서 금방 친해지는 장점이 있어요. 공감되는 내용이 많아서 가족들, 친구들에게도 제 만화를 보라고 많이 추천하시곤 한대요. 최대한 사실적으로 그리려고 노력하지만 만화는 만화라서 좋았던 일, 재밌었던 일을 위주로 그리게 되거든요. 제 만화를 보시고 '승무원을 꿈꾸게 되었다'라는 메일을 받을 때마다 제가 오히려 승무원에 대한 환상만 키우고 있는 것은 아닌지 조금 걱정되기도 해요.

Question 승무원을 꿈꾸는 학생들에게 해주시고 싶은 말씀은 무엇인가요?

경쟁률이 치열한 건 사실이지만 그렇다고 지레 겁먹을 필요는 없어요. 수천 명의 한국인 승무원들이 세계 곳곳에서 비행하고 있고, 자격요건만 갖춘다면 안 될 이유 또한 없습니다. 높은 경쟁률을 뚫고 힘들게 승무원이 되어서 첫 1~2년 안에 퇴사하는 경우가 많은 건 이 직업의 화려한 모습만을 보고 승무원을 꿈꾸기 때문인 것 같아요. 화려한 모습 뒤에 감추어진 힘든 점들도 아주 많아요. 승무원의 일은 여러분이 상상하시는 것보다 몇 배로 더 힘듭니다. 자신이 왜 승무원이 되고 싶은지 깊게 생각해 보세요. 그럼에도 불구하고 세련된 유니폼을 입고 전 세계를 누빌 수 있는 매력적인 직업임은 분명하니까 승무원을 향한 꿈이 확고하다면 꼭 한번 최선을 다해 도전해 보라고 말씀드리고 싶어요.

승무원에게
직접 묻는다

청소년들이 승무원들에게
직접 물어보는 9가지 질문

승무원이 된 후에도 해야 할 공부가 많나요?

물론입니다. 다행히 교육 때만큼 오로지 공부만 해야 하는 것은 아니지만 매번 비행마다 가는 나라가 계속 변경되기 때문에 항상 사전에 공부를 해야 해요. 그래서 비행 전 다 같이 모여 브리핑이라는 간담회를 가지는 데 중요한 사항을 전달함과 동시에 비행경험이 짧은 사원들은 질문을 받기도 하며 점검의 시간도 가진답니다. 이뿐 아니라 승무원의 중요한 능력인 외국어 실력을 키우기 위해 어학 공부도 하면 더욱 좋겠지요? 정해진 공부는 아니지만 자기개발을 위한 공부는 꼭 필요하다고 생각한답니다.

국내선과 국제선 담당은 어떻게 정하나요?
변경할 수도 있나요?

항공사마다 다르지만 국내선과 국제선은 채용기준이 조금 다릅니다. 아무래도 국제선 승무원의 영어 실력이 더 좋아야 서비스에 무리가 없겠지요? 그리고 실제 현장에서는 국제선 승무원이 스케줄 상 국내선 업무를 병행하기도 합니다. 하지만 국내선 승무원은 보통 국내선만 담당합니다. 그리고 드문 경우이지만 국내선으로 입사 후 연차 및 본인의 노력에 따라 국제선으로 변경되기도 하는 경우도 있답니다.

국내항공사와 외국항공사를 비교한다면 어떤 곳이 근무하기 더 좋을까요?

'어떤 항공사가 더 좋다'라는 것은 철저히 개인의 선호도나 목적에 따라 달라집니다. 그래서 본인의 성향을 잘 살펴야 합니다. 근무의 난이도를 떠나 가장 특수한 점은 국내 항공사는 당연히 한국에서 생활하면서 해외로 나가지만 외국 항공사는 생활 자체를 해외에서 해야 하기에 체력적으로 고된 생활에 정신적인 외로움까지 더해질 수 있다는 점입니다. 하지만 해외에서 살아보는 경험을 해보고 싶고, 어학 실력을 더욱 높이고 싶다면 이러한 조건들도 감수하고 외국항공사를 선택하는 것도 무척 좋겠지요? 어떠한 환경 속에서 일할 때 본인의 역량이 더욱 빛날지, 또 즐겁게 일할 수 있을지 꼭 생각해보시기 바랍니다.

국내선 승무원의 급여는 어느 정도인가요?

국내선은 국제선보다는 비행시간이 적기 때문에 제가 근무할 당시 급여는 국내선이 조금 낮았답니다. 하지만 기본적인 복지 등은 비슷하고요. 그리고 정규직이 되면 대기업 사원 정도로 받는 것 같아요.

승무원으로 일할 수 있는 기간은 현실적으로 얼마나 되나요?

기본적으로 자신이 원하면 정년까지 일 할 수 있습니다. 하지만 일반적인 직장과 마찬가지로 결혼, 출산 등 삶의 변화들이 일어날 때, 그리고 새로운 근무환경 및 일을 위해 퇴사를 결정하기도 합니다. 그러나 가장 큰 퇴사 이유는 바로 건강문제입니다. 불규칙한 스케줄로 인해 식사, 잠, 운동 등을 규칙적으로 하지 못하기에 체력이 점점 약해지고 자연스럽게 건강에 무리가 온답니다. 나이가 들어가면 이러한 것들이 더욱 힘들어지겠지요. 하지만 현재에도 많은 승무원들이 높은 연령, 그리고 정년까지 업무를 마치는 경우가 무척 많습니다. 즉 본인이 건강관리만 충실히 한다면 원하는 만큼 오랫동안 일 할 수 있답니다.

잠깐! 최고령 승무원?

80세의 나이에도 현역으로 활동하는 미국 최고령 승무원인 베티 내쉬는 16살에 공항에서 스튜어디스를 보고 승무원의 꿈을 품었대요. 1957년부터 승무원 생활을 시작했으니, 지금까지 무려 60년 동안 근무했습니다. 같이 근무하던 승무원과 비행사가 은퇴했어도, 회사가 매각되고 다른 항공사와 합병됐어도, 베티는 꿋꿋이 자신의 자리를 지켰습니다. 승무원으로 일하는 것이 자신의 삶이기 때문에 다른 일은 생각하지 않는다고 말하는 베티 내쉬, 평생 자신의 꿈을 따라 한 길을 걷는 모습이 멋지지 않나요?

사진 출처: SBS뉴스 비디오머그

승무원은 왜 유니폼을 입고 출근하나요?

가끔 지인들도 묻더라고요. 왜 굳이 승무원들은 집에서부터 유니폼과 화장 등 풀 세팅을 해서 가는지 말이에요. 물론 여러 가지 이유가 있겠지만 아무래도 복잡한 공항 내부에 모든 승무원들이 업무 준비를 할 수 있는 장소를 갖추는 것은 현실적으로 어려운 일입니다. 또한, 과거 한 승무원이 근무가 끝난 후 식당에서 밥을 먹다가 살짝 신발을 벗은 사진이 찍혀서 화제가 되었었죠. 사실 일반적으로 참 흔한 일이고 여성분이라면 구두를 신고 오랜 시간 일 하는 것이 얼마나 힘든 일인지 아실 테지만 그래도 유니폼을 입은 이상 우리 항공사를 대표하는 사람이기 때문에 아무래도 몸과 마음을 더욱 단정하게 갖추게 됩니다. 이러한 이유들로 유니폼을 입고 있다고 생각하시면 될 것 같네요.

외국항공사 승무원을 꿈꾸는 친구들이 준비해야 할 것은 무엇인가요?

승무원은 자기관리가 특히 중요한 직업입니다. 단정한 외모와 체력관리는 기본이며 국제적인 매너를 키울 수 있는 장점이 있는 매력적인 직업임에는 분명합니다. 하지만 균형이 한 번 깨지면 감정적으로 걷잡을 수 없이 힘들 때도 많고, 체력적으로도 상상 이상으로 힘들어서 솔직하게 말하자면 본인의 결정으로 간절하게 승무원을 지망하지 않는 이상은 적극 추천하기도 어렵답니다. 그만큼 장, 단점이 분명해요. 외국항공사에 도전해서 합격한다면 그 순간이 끝이 아니라 새로운 시작이라는 마음으로 각오를 단단히 하고 오시고, 특히 외항사는 비행하는 이외의 시간에 베이스에서 즐길 수 있는 취미나 자신만의 목표를 하나 꼭 챙겨오신다면 더 가치 있는 해외생활이 되지 않을까 생각합니다.

비상시 의약품은 어떤 종류가 얼마나 준비되어 있나요?

여러분 가정이나 학교에서 볼 수 있는 기본적인 의약품은 물론, 비상상황을 대비하여 기내에서 출산을 할 수 있을 정도로 많은 의약품이 준비되어 있답니다.

입사 후 어떻게 하면 일을 잘 할 수 있을까요?

승무원 시험에 통과하신 분들이라면 모두 일을 잘할 수 있는 분들이랍니다. 하지만 입사후의 신입사원들은 아직 익숙한 업무가 아니기에 주어진 업무는 전부 어렵고 힘들게 느끼는 것이 당연합니다. 특히 가장 힘들어하는 부분 중 한 가지는 특정한 일보다 '지나친 긴장감'인데요. 안전과 서비스 업무를 철저히 수행해야 하기에 항상 긴장하고 있는 것은 중요합니다. 하지만 너무 긴장하고 있다가 오히려 잘 알고 있는 업무를 잊어버리거나 실수를 하는 경우가 많아요. 또한, 서비스에 자신감이 없어지기도 합니다. 승객은 승무원만 믿고 있다는 것을 잊지 마시고 자신감 있게 승객을 대해주셔야 합니다. 일을 잘하기 위해서는 입사 후 신입, 선배를 구분하지 말고 '내가 책임자다!'라는 마인드로 근무하시기 바랍니다. 특히 매일 작은 목표를 정해서 도전하는 것이 무척 중요한데요. 오늘은 어린이 고객에게 적합한 서비스를, 또 다른 날은 연세가 많은 고객에게 직접 서비스 해보며 매일 목표를 정해서 그것을 본인만의 것으로 만들어 간다면 업무 능력도 훨씬 빠르게 상승하겠지요?

이렇게 충실한 하루하루를 보내면 어느새 멋진 승무원이 되어 있을 겁니다. 우리 친구들 모두 멋진 승무원이 되기를 응원합니다!

승무원의 휴식 이야기

승무원은 긴 비행에서 어떻게 휴식을 취할까요?
평소 궁금해하던 친구들이 많았었는데 재미있는 웹툰으로 함께 알아볼까요!

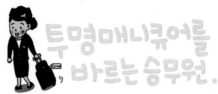

글·그림 로나

◇ 달콤한 레스트(Rest) ◇

만약 당신이 비행기에서 화장실에 가려는데,

안 열리네…

화장실처럼 생겼으나 화장실은 아닌 문에서…

아… 이쪽이구나…

덜커덩

약간 헝클어진 머리와 부은 눈을 한 승무원이 나온다면

빼꼼~

팅팅-

만… 만두가
나오는건가 …

그 승무원은 레스트 (Rest) 를 다녀온 것입니다.

12시간 이상의 장거리 비행에서는 첫번째 서비스가 끝나면,
승무원들은 두팀으로 나눠져 레스트가 주어지는데...

비행시간에 따라 서비스에 걸린 시간에 따라
약 3~5시간의 레스트를 받게 된다.
레스트 시간이 되면 준비물을 챙겨...

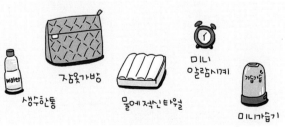

엄모승무원은 럭셔리하게 이런
USB충전 미니가습기를 들고 다니더라 ㅋㅋ

삼삼오오 비밀의 문안으로 사라지는 승무원들

제일 먼저 잠옷으로 갈아입고 ...

이런자세로 갈아입는 것도
적응되니 할만함ㅋㅋ

물에 적신 타월을 널고 ...

잘 보면
에어컨 바람 나오는
구멍이 있음

제 피부는
소중하니까
요!

알람시계를 맞추고 ...

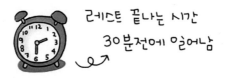

레스트 끝나는 시간
30분전에 일어남

마지막으로 담요를 덮고, 좌석벨트를 그 위로
느슨하게 착용하면 레스트 준비 끝!

여기에 약간의 터뷸런스 (비행기 흔들림)와
비행기 소음이 더해지면 숙면에 도움이 된다.

BGM : 우우우우웅 ♪♬ ㄷ 무한반복 ㄱ

가끔 바로 잠이 안 오면 투바등 콘티를 짜기도 ㅎㅎ

벙커안으로 쏙 들어가 커튼을 치면,
이곳은 비행기 안에서 유일한 나만의 공간이 된다.

차르르륵~

불편하지
않다요~
나름 안락하다요응응

3~4시간 푹 자고 일어나서 양치를 하고,

아... 졸료... 크크크   치카
치카

그루밍 첵 (Grooming Check) 도 하고,

쓰담쓰담~

팍팍팍팍~

아... 졸료...

커피를 한잔 마시면 ...

꼴깍꼴깍

아...
졸료...

남은 시간 다시 일할 준비 완료 !

〈 부제 〉
나는 카페인의
노예다 …

나는 승무원이다 !

레스트가 없어서 시간이 엄청 빨리 간다 …

어디보자 …
벌써 8시간
왔으니까 …

고 생각한다면 그건 ★ 오산

앞으로
8시간만
더 가면되네 ?

Do you want to
build a snowman?

가도가도 끝이 없는 16시간의 장거리 비행에서
없어서는 안될 달콤한 레스트 (Rest)

이처럼 레스트(휴식)시간 덕분에 더욱 멋진 서비스를 할 수 있다는 사실!

* 각 항공사별 휴식에 대한 기준 및 방법은 상이함.
(웹툰 제공: 이지나 승무원)

CHAPTER
| 3 |

예비 승무원 아카데미

다양한 항공사를 소개합니다

국내편

전 세계 항공사는 몇 개나 될까요? 2016년 국제항공운송협회(IATA)의 회원항공사만 무려 265개가 될 만큼 많은 항공사가 있답니다. 우리가 알고 있던 국내외 항공사들은 정말 소수에 불과하지요. 이번 시간에는 승무원을 꿈꾸는 여러분들을 위해 국내 항공사에 대해 자세히 알아보고 항공사 별 채용정보와 인재상에 대해 자세히 알아봅시다.

국내에는 총 8개의 항공사가 있습니다.

대한항공, 아시아나 항공, 이스타 항공, 에어 부산, 에어서울, 진에어, 제주항공, 티웨이 항공사(가나다순)가 있습니다. 순서대로 쏙쏙 알아볼까요.

K☯REAN AIR

세계 항공업계를 선도하는 글로벌 항공사라는 비전을 가진 대한항공은 2015년 기준 158대의 항공기를 보유하고 있으며 국내 12개 도시를 포함하여 전 세계 46개국 129개 도시를 취항하고 있는 항공사입니다.

대한항공 유니폼 소개

파란 하늘을 닮은 대한항공의 유니폼이 무척이나 인상적입니다.

현재 국내에서 가장 큰 항공사로 보유 비행기와 취항지가 가장 많은 곳이기도 합니다. 그만큼 채용인원도 다른 항공사에 비해 가장 많은데요. 그럼 대한항공의 채용정보 및 인재상을 함께 살펴볼까요?

대한한공 지원 자격 및 채용 절차

먼저 지원 자격은 다음과 같습니다. (2016년 기준)

· 해외여행에 결격사유가 없는 자

· 기졸업자로 전 학년 성적 평균 2.5 이상(4.5만점) 인 자

· TOEIC 550점 이상인 자

   – TOEIC Speaking LVL 6 또는 OPIc LVL IM이상 자격 소지자 지원 가능

   – 서류 전형 합격자 발표일 2년 이내 응시한 국내시험에 한함

· 교정시력 1.0 이상인 자

전형절차는 다음과 같은 순서로 진행됩니다. (2016년 기준)

전형 절차 Check !

서류전형 → 1차 면접 → 2차 면접/영어구술TEST → 3차 면접 → 건강진단(체력/수영

TEST) → 최종합격

대한한공 인재상

그럼 대한항공은 어떤 인재를 원할까요? 인재상에 대해 알아봅시다.

진취적 성향의 소유자

항상 무언가를 개선하고자 하는 의지를 갖고 변화를 통해 새로운 가치를
창조해내고자 하는 진취적인 성향의 소유자를 원합니다.

국제적인 감각의 소유자

자기중심적 사고를 탈피하여 세계의 다양한 문화를 이해할 수 있는 세계인
으로서의 안목과 자질을 갖춘 국제적인 감각의 소유자를 원합니다.

서비스 정신과 올바른 예절의 소유자

단정한 용모와 깔끔한 매너, 따뜻한 가슴으로 고객을 배려하는 예절 바른 사람을 원합니다.

성실한 조직인

작은 일이라도 책임감을 가지고 완수하며 원만한 대인관계를 유지해 나가는 성실한 조직인을 원합니다.

Team Player

같이 일하는 동료의 의견을 경청하고 화합하여 업무를 수행할 수 있는 사람을 원합니다.

출처: 대한항공 홈페이지

· 아시아나

ASIANA AIRLINES ↗

'고객이 원하는 시간과 장소에 가장 안전하고, 빠르고, 쾌적하게 모시는 것'을 기본 철학으로 삼고 있는 아시아나 항공은 1988년 창립하였습니다. 2016년 기준 84대의 항공기를 보유하고 있으며 국내선 10개 도시, 국제선 24개 국가, 75개 도시에 취항하고 있는 항공사입니다.

아시아나 유니폼 소개

색동무늬를 활용하여 한국적인 아름다움을 잘 표현한 아시아나항공의 유니폼이 참 아름답지요? 그럼 이번에는 아시아나 항공사의 채용정보 및 인재상을 살펴보겠습니다.

아시아나 지원 자격 및 채용 절차

먼저 지원 자격은 다음과 같습니다. (2016년 기준)

지원 자격 Check!

· 전문학사 이상 학력 소지자 (전공 제한 없음)

· 국내 정기 TOEIC 성적(지원마감일 기준 2년 이내)을 소지하신 분 (필수)

  -어학성적 우수자 전형 시 우대

· 기내 안전 및 서비스 업무에 적합한 신체조건을 갖춘 분

· 교정시력 1.0 이상 권장 (라식 및 라섹 수술의 경우 3개월 이상 경과 권장)

· 남자의 경우 병역을 필하였거나 면제된 분

· 기타 -학업성적이 우수하고 해외여행의 결격 사유가 없는 분

    -영어구술 성적표(TOEIC Speaking, GST 구술시험, OPIc) 는 소지자에 한하여

      기재하며 성적 우수자는 전형 시 우대함

※ 외국어 성적의 경우 지원마감일 기준 2년 이내 국내 정기시험 성적만 인정

전형절차는 다음과 같은 순서로 진행됩니다. (2016년 기준)

전형절차 Check!

서류전형→1차 실무자 면접→2차 임원면접/영어구술→건강검진/체력측정/인성검사→

최종합격자발표

참고로 체력측정에서는 배근력, 악력, 윗몸일으키기, 유연성, 수영(자유형 25m 완영)을 통해 측정한다는 사실도 잊지 마세요.

아시아나 인재상

그럼 대한항공은 어떤 인재를 원할까요? 인재상에 대해 알아봅시다.

윤리의식과 책임의식을 갖춘 프로정신

"직업에 대해 윤리의식을 가지고 맡은 직무에 대한 책임의식을 갖춘 프로페셔널로서 업계 최고 1등 기업가치 창출을 위해 매진하는 집념의 금호 아시아나인"입니다. 또한 기업의 주체는 바로 사람, 동등한 기회와 공정한 보상 제공, 기업은 또 하나의 가정이라는 인사 철학을 가지고 있습니다.

출처: 아시아나항공 홈페이지

· 이스타

EASTAR✦JET

이스타 항공은 항공여행의 대중화를 창조하고 사회 공익에 기여하는 글로벌 국민 항공사를 비전으로 삼고 있습니다. 2016년 기준 16대의 항공기를 보유하고 있으며 국내선 6개 국제선 14개 노선이 운항 중인 항공사입니다.

이스타 유니폼 소개

사회적 기업을 통해 유니폼을 제작해서 화제가 되었던 이스타 항공의 경쾌한 유니폼입니다. 특히 점차 넓어지는 소매폭은 한복 저고리의 모양을 연상시켜 한국적인 멋도 함께 나타낸답니다.

그럼 이스타 항공의 채용정보 및 인재상을 함께 살펴볼까요?

이스타 지원 자격 및 채용 절차

먼저 지원 자격은 다음과 같습니다. (2016년 기준)

지원 자격 Check !

- 전문학사 이상 기졸업자로서 남성의 경우 군필/면제자
- 나안시력 0.2 이상, 교정시력 1.0 이상인 자 (라식 등 시력교정수술 후 3개월 경과자)
- 신체 건강하며 비행근무에 법적으로 하자가 없는 자
- 해외여행에 결격사유가 없는 자
- TOEIC 550점 이상 또는 이에 준하는 공인시험 자격을 취득한 자
  - TOEIC Speaking Lv5, OPIC IM2, TEPS 451, TOEFL63점 이상
  - ※ 외국어 성적의 경우 지원마감일 기준 2년 이내 국내시험에 한함

전형절차는 다음과 같은 순서로 진행됩니다. (2016년 기준)

전형 절차 Check !

서류전형 → 1차 면접 → 2차 면접 → 건강진단 → 최종합격

이스타 인재상

이스타항공은 어떤 인재를 원할까요? 핵심가치와 미션, 경영이념을 통해 알아봅시다.

핵심가치 비행 안전, 짜릿함, 저비용

미션 행복 주고 사랑받는 국민항공사, 짜릿한 추억을 선사하는 서비스, 안전을 기반으로 하는 기업문화

경영이념 고객과 함께한다, 최고를 추구한다, 새로움을 추구한다.

또한 이스타 항공은 인재개발 중심의 인사관리를 기본원칙으로 하며, 직원들에게 공정한 기회를 제공하여 회사와 자신이 함께 발전해 나갈 수 있도록 개인 능력을 바탕으로 꿈을 현실로 실현시킬 수 있는 인사제도를 가지고 있는 항공사입니다.

출처: 이스타항공 홈페이지

· 에어부산

완벽한 안전, 편리한 서비스, 실용적인 가격으로 최고의 고객 가치를 창조시키기 위해 최선의 노력을 다하는 것을 기업 철학으로 삼고 있는 에어부산은 국내선 4개 도시 및 해외 8개국에 취항하고 있는 항공사입니다.

에어부산 유니폼 소개

에어부산이라는 이름처럼 파란 바다를 닮은 유니폼에서 시원한 기분을 느낄 수 있네요.

에어부산 지원 자격 및 채용 절차

그럼 에어부산의 채용정보 및 인재상을 함께 살펴볼까요?

먼저 지원 자격은 다음과 같습니다. (2016년 기준)

지원 자격 Check!

- 전문학사 이상 자격 소지자 (전공, 학점, 어학 제한 없음)
- 영어, 일본어, 중국어 성적우수자는 전형 시 우대 (지원마감일 기준 2년 이내 국내정기 시험에 한함)
- 기내 안전 및 서비스 업무에 적합한 신체조건을 갖춘 분
- 남자의 경우 병역을 필하였거나 면제된 분
- 해외여행에 결격사유가 없는 분

전형절차는 다음과 같은 순서로 진행됩니다. (2016년 기준)

전형 절차 Check!

서류전형 → 1차 면접 → 2차 면접 → 3차 면접 → 체력/수영/신체검사 → 최종합격

에어부산 인재상

그럼 에어부산은 어떤 인재를 원할까요? 인재상에 대해 알아봅시다.

고객중심 고객을 위해 최선을 다하는 에어부산인

협동 배려하며 솔선수범하는 에어부산인

열정 열과 성의를 다하는 에어부산인

도전과 창의 끊임없이 연구하고 도전하는 에어부산인

출처: 에어부산 홈페이지

· 에어서울

AIR SEOUL

2015년 4월에 창립한 에어서울은 누구나 즐겁게 이용할 수 있는 신뢰받는 항공사를 기업 철학으로 삼고 있습니다. 2016년 7월에 첫 운항을 시작한 에어서울은 항공기 3대를 보유, 국내 1개 도시 및 일본과 동남아를 운항하는 항공사입니다.

에어서울 유니폼 소개

새롭게 출범하는 항공사의 느낌을 담아 트렌디함과 세련미를 강조하였으며 효율적인 기내서비스를 위하여 정모를 생략하는 등 다양한 시도로 호평을 받기도 하였습니다.

그럼 에어서울의 채용정보 및 인재상을 함께 살펴볼까요?

에어서울 지원 자격 및 채용 절차

먼저 지원 자격은 다음과 같습니다. (2016년 기준)

지원 자격 Check !

· 전문학사 이상 학력 소지자

· 전공 제한 없음

· 국내 정기 TOEIC성적(지원마감일 기준 2년 이내)을 소지하신 분(필수)

  *어학성적 우수자 전형 시 우대

· 교정시력 1.0 이상 권장(라식 및 라섹 수술의 경우 3개월 이상 경과 권장)

· 남자의 경우 병역을 필하였거나 면제된 분

· 영어구술 성적표(TOEIC Speaking, GST구술시험, OPIc)는 소지자에 한하여 기재하며

  성적우수자는 전형 시 우대함

  (외국어 성적의 경우 지원마감일 기준 2년 이내 국내 정기시험 성적만 인정)

전형절차는 다음과 같은 순서로 진행됩니다. (2016년 기준)

전형 절차 Check !

서류전형 → 1차 실무자 면접 → 2차 임원 면접 → 건강검진/체력측정/인성검사→

최종합격합격자 발표/신원조사

에어서울 인재상

그럼 에어서울은 어떤 인재를 원할까요? 가장 최근의 자기소개서 항목 및 경영이념을
통해 알아봅시다.

자기소개서 항목

• 본인의 특성과 성장배경에 대하여 기술하여 주십시오.

• 캐빈승무원에 지원하는 동기는 무엇인지 기술하여 주십시오.

• 본인이 가장 소중하게 생각하는 것을 적고 그 이유를 기술하여 주십시오.

• 귀하가 회사를 선택하는 기준은 무엇이며 에어서울을 선택한 이유는 무엇인지
  기술하여 주십시오.

경영이념
가장 안전하고 고객에게 행복을 주는 으뜸 항공사

출처: 에어서울 홈페이지

· 진에어

'즐거운 여행의 시작과 끝, 더 나은 여행을 위한 가장 스마트한 선택'이라는 비전을 가진 진에어는 2016년 기준 4대의 항공기를 보유하고 있으며 국내 6개 노선과 일본, 중국, 동남아, 미주 지역 노선을 가지고 있는 항공사입니다.

진에어 유니폼 소개

국내 항공사 중 유일하게 청바지를 유니폼으로 입고 있어 저비용항공사 특유의 실용성과 활동성을 표현한 것이 특징입니다.

그럼 진에어 채용정보 및 인재상을 함께 살펴볼까요?

진에어 지원 자격 및 채용 절차

먼저 지원 자격은 다음과 같습니다. (2016년 기준)

· 대졸지원자의 경우 전학년 성적 평균 2.5 이상(4.5만점)인 자

· 해외 여행에 결격사유가 없는 자

· TOEIC 550점 또는 TOEIC Speaking LVL 6 이상 또는 OPIc(영어) IM 이상 성적보유자

　－지원마감일 기준 2년 이내 국내 정기시험 성적만 인정

· 교정시력 1.0 이상인 자

· 남자의 경우 병역 필 또는 면제자

전형절차는 다음과 같은 순서로 진행됩니다. (2016년 기준)

서류 전형 → 1차 면접 → 2차 면접(영어구술 Test) → 건강진단 및 체력 Test → 최종 합격

진에어 인재상

그럼 진에어는 어떤 인재를 원할까요? 인재상에 대해 알아봅시다.

변화와 창조를 즐기는 사람
고객에게 가치와 감동을 주는 사람
끊임없이 학습하는 사람
일에 몰입하는 열정을 가진 사람

출처: 진에어 홈페이지

· 제주항공

JEJUair

　안전, 저비용, 도전, 팀워크, 신뢰라는 5가지 핵심가치를 공감하며 각자에게 부여된 사명을 성실히 수행하는 것을 경영이념으로 삼고 있는 제주항공은 2005년에 설립되었고 현재 국내외 주요 도시 20개 이상의 노선을 운항하고 있는 항공사입니다.

제주항공 유니폼 소개

　밝은 주황색의 스카프를 통해 제주도의 감귤을 상징하는 제주항공의 유니폼을 통해 무척 경쾌한 느낌을 받을 수 있습니다.
　그럼 제주항공의 채용정보 및 인재상을 함께 살펴볼까요?

제주항공 지원 자격 및 채용 절차

　먼저 지원 자격은 다음과 같습니다. (2016년 기준)

전형절차는 다음과 같은 순서로 진행됩니다. (2016년 기준)

제주항공 인재상

그럼 제주항공은 어떤 인재를 원할까요? 인재상에 대해 알아봅시다.

안전 무엇과도 타협할 수 없는 기본

신뢰 신뢰하고 신뢰받는 것

저비용 이기는 최상의 수단

도전 개인과 회사 모두가 성공하는 원동력

팀워크 서로를 사랑하고 존경하는 하나의 팀이 되는 것

출처: 제주항공 홈페이지

· 티웨이

함께하는 우리들의 항공사를 경영이념으로 삼고 있는 티웨이 항공은 15대의 항공기를 보유하고 있으며 제주로 가는 국내 4개의 노선 및 일본, 중국, 동남아, 괌에 취항하고 있습니다.

티웨이 유니폼 소개

붉은색을 강조하며 치마, 바지, 원피스 등 6가지 스타일로 선택 가능한 티웨이 항공의 유니폼을 통해 생동감 넘치는 이미지를 느낄 수 있습니다.

그럼 티웨이 항공의 채용정보 및 인재상을 함께 살펴볼까요?

티웨이 지원 자격 및 채용 절차

먼저 지원 자격은 다음과 같습니다. (2016년 기준)

지원 자격 Check !

- · 전문대졸 이상, 전공 무관 (남자의 경우 병역필 또는 면제자)
- · 해당 분야 관련 자격증 소지자 우대
- · 외국어 능력 우수자 우대
- · 해외여행에 결격사유가 없는 자
- · 신체검사 기준에 결격사유가 없는 자
- · TOEIC 550점 이상 성적소지자 (지원마감일 기준 2년 이내 국내 정기시험 취득조건)
- · 제2외국어 능력 (중국어,일본어)우수자 우대

전형절차는 다음과 같은 순서로 진행됩니다. (2016년 기준)

전형 절차 Check!

서류전형 → 1차 면접 → 2차 면접 → 수영 TEST → 3차 면접 → 신체검사 → 최종합격

티웨이 인재상

티웨이 항공은 어떤 인재를 원할까요? 인재상에 대해 알아봅시다.

글로벌 항공산업의 미래를 이끌어갈 열정적 리더

글로벌 항공산업의 미래를 이끌어갈 열정적 리더를 지향하는 티웨이 항공은 첫째도 안전, 둘째도 안전, 가족같이 편안한 서비스, 화합하고 배려하는 기업문화라는 실행목표를 가진 인재를 추구합니다.

특이한 점은 휴대할 수 있는 악기를 연주할 수 있는 사람을 우대하는 경우도 있다는 점입니다.

출처: 티웨이항공 홈페이지

이렇게 국내 8개의 항공사에 대해 자세히 살펴보았습니다.

각 항공사 별로 채용 조건 및 방법, 추구하는 인재상이 다르다는 점을 꼭 알아두시고 본인이 가고 싶은 항공사를 결정해 보는 것도 꿈을 위한 멋진 준비가 되겠지요?

다양한 항공사를 소개합니다

국외편

이제는 글로벌 시대! 그렇다며 대표적인 해외 항공사는 무엇이 있는지 한번 알아볼까요?

· 에미레이트항공 (Emirates)

1985년 설립, 230대의 항공기를 보유하고 전 세계 80여 개국 150개 이상의 취항지로 운항하고 있으며, 매주 3,400편 이상의 항공편이 두바이에서 출발하여 전 세계 6개 대륙을 누비고 있습니다. 매출, 보유 항공기, 여객 수 부문에서 중동 지역 최대 항공사로 불리고 있습니다.

· 카타르항공 (Qatar Airway)

　1993년에 설립. 2010년 기준 96개의 항공기를 보유하고 있으며 약 90개 지역에 취항하고 있습니다. 1997년 국제선을 운항한 이후 빠르게 성장해 13년 만에 6개 대륙으로 취항하는 국제항공사가 되며 세계에서 가장 빠르게 성장하고 있는 항공사 중 하나입니다.

· 싱가포르항공 (Singapore Airlines)

　1947년 설립. 2009년 기준 35개국 63곳에 취항하고 있습니다. 2차 세계대전이 끝난 후 아시아 지역에서 가장 먼저 항공업에 진출하였고 기내식 서비스를 처음으로 도입한 항공사이기도 합니다. 또한 2004년 세계에서 가장 긴 논스톱노선(싱가포르-뉴욕)을 도입하기도 하여 17년 연속 (월스트리트저널 아시아 선정)가장 존경받는 싱가포르 기업에 선정되었습니다.

· 캐세이퍼시픽항공 (Cathay Pacific)

　1946년 설립. 홍콩을 거점으로 하는 아시아의 대표적인 항공사 중 하나로 42개국 190여 개 지역에 취항하고 있습니다. 특히 1998년 세계최초로 북극 상공을 직항으로 운항하였으며 2010년 2,700만 명의 승객, 그리고 180만 톤에 달하는 화물 및 우편물을 운송하며 그 해 최대 국제화물 항공사로 기록되기도 하였습니다.

· 아나항공 (ANAs)

　ANA는 전일본공수의 약자로 1952년 일본 헬리콥터 수송으로 설립되었습니다. 최초 화물 운송을 시작으로 1954년부터 승객을 운송하였으며 2008년 기준 국내 49편, 국제 22편에 취항하고 있습니다.

・ 에티하드 (Etihad Airways)

2003년 설립. 2010년 기준 66개 지역에 취항하며 허브공항은 아부다비 국제공항으로 첫 운항 이후 2년 6개월 만에 30개 노선을 확보하는 등 세계에서 가장 빠르게 성장하는 항공사 가운데 하나입니다.

특히 스카이트랙스(항공전문평가기관)에 의해 '일등석'과 '일등석 기내서비스' 부문에서 세계 1위로 선정되기도 하였습니다.

・ 터키항공 (Turkish Airlines)

1933년 설립. 150여 대의 항공기를 보유하고 있으며 터키 전역 41개 노선, 130개 국제 노선, 171개 지역에 취항하는 항공사입니다. 스카이트랙스에 의해 유럽에서 가장 빠르게 성장하는 항공사, 이코노미 클래스 기내식 서비스 부문에서 1위 항공사로 선정되기도 하였습니다.

・ 에바항공 (EVA Air)

1989년 설립. 2015년 기준 61대의 항공기를 보유하고 있으며 아시아, 유럽, 북아메리카, 오세아니아 등 73개의 취항지를 확보하고 있습니다. 여객 운송뿐만 아니라 항공화물, 항공 식품, 항공기 지상운전, 항공 엔지니어링, 여행 패키지 서비스 등의 분야에 진출하고 있으며 프리미엄 이코노미석의 개척자로 알려져 있기도 합니다. (출처:위키백과)

・ 콴타스항공 (Qantas Airways)

1920년 설립. 오스트레일리아에서 가장 큰 항공사이며 전 세계에서 두 번째로 오래된 항공사입니다. 188대의 항공기를 보유, 전 세계 32개국 143개 도시로 운항하고 있습니다.

· 루프트한자항공 (Lufthansa)

  1926년 설립. 세계 10대 항공사의 하나로 프랑크푸르트암마인 기점으로 유럽, 남북아메리카, 중동, 아시아, 아프리카 등 6개 대륙에 노선을 가지고 있습니다. 전 세계 100개가 넘는 계열사와 제휴 회사가 있으며 세계 최대 항공연합인 스타 얼라이언스의 창설 멤버이기도합니다.

2016,스카이트랙스 순위 순서
기업정보 출처: 각 항공사 홈페이지 및 네이버 기관단체사전

자, 이렇게 국내 항공사뿐 아니라 대표적인 외국 항공사에 대해서도 알아보았습니다.
이제 여러분의 꿈에 한 발자국 더 가까이 다가간 것 같나요?
글로벌 시대에 발맞추어 여러분의 꿈을 국내에서뿐만 아니라 세계적으로 펼쳐보는
것도 멋진 방법입니다.

지금부터 준비하기!
내가 가고 싶은 항공사와 그 이유는?

가고 싶은 항공사의 최근 채용공고를 찾아보고 정리해보세요.

채용공고를 바탕으로 승무원이 되기 위해 지금부터 준비해야 할 것은 무엇인지 생각하고 정리해 보세요.

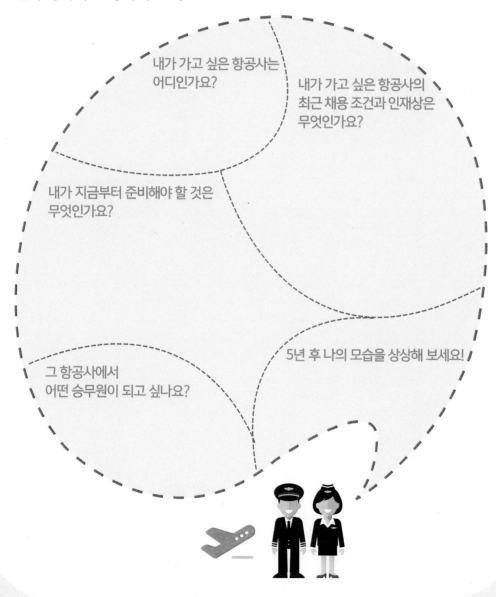

내가 가고 싶은 항공사는 어디인가요?

내가 가고 싶은 항공사의 최근 채용 조건과 인재상은 무엇인가요?

내가 지금부터 준비해야 할 것은 무엇인가요?

5년 후 나의 모습을 상상해 보세요!

그 항공사에서 어떤 승무원이 되고 싶나요?

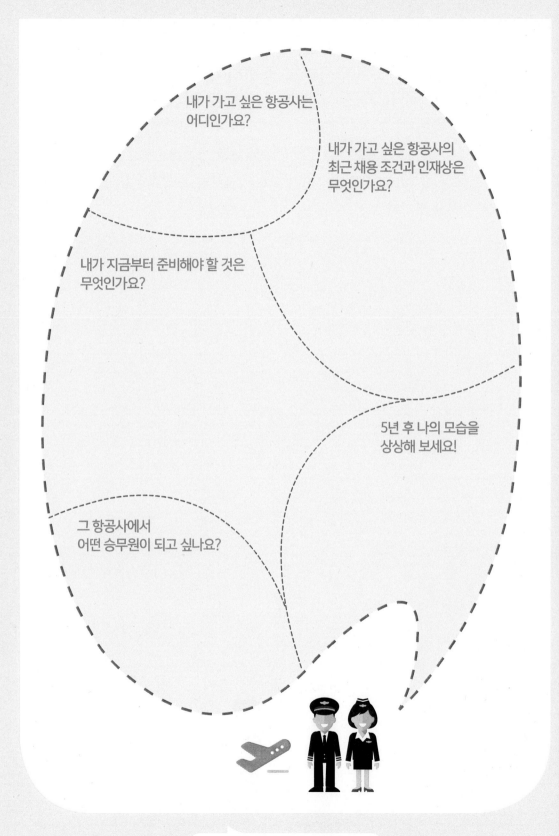

내가 가고 싶은 항공사는
어디인가요?

내가 가고 싶은 항공사의
최근 채용 조건과 인재상은
무엇인가요?

내가 지금부터 준비해야 할 것은
무엇인가요?

5년 후 나의 모습을
상상해 보세요!

그 항공사에서
어떤 승무원이 되고 싶나요?

기내안전수칙 알아보기

위급 상황에는 이렇게!

2013년 7월, 미국 샌프란시스코 공항에서 큰 비행기 사고가 발생했었답니다. 당시 많은 인명피해를 예상했지만 아시아나항공 승무원들의 대단한 활약으로 다행히 많은 승객들이 안전하게 대피할 수 있었는데요, 이를 통해 단순히 서비스를 넘어 승객들의 안전까지 책임지는 승무원들의 직업의식에 대해 한 번 더 생각해 볼 수 있었죠.

"무섭다거나 위험하다는 생각은 들지 않았다. 생각하고서 하는 행동이 아니었다. 자연스럽게 몸이 움직였다. …(중략)… 매년 비상상황이 발생했을 때에 대한 훈련을 받기 때문에, 순간 머리가 명료해지면서 내가 무엇을 해야 할지 계획이 섰다."

당시 가장 마지막에 탈출한 최선임 승무원 (이윤혜 님)의 이야기입니다.

위험한 상황에서도 승객들의 안전을 먼저 생각하고 비상상황을 대비한 철저한 훈련을 통해 위기의 순간을 잘 헤쳐나갈 수 있었겠지요?

안전과 편안함을 위해 항상 최선을 다하는 모든 승무원분들께 다시 한 번 감사의 마음을 전해봅니다.

그리고, 우리도 함께 위급 상황 시 어떻게 대처해야 하는지 함께 알아봅시다.

❶ 기내 위급상황 대처 요령

- 기내에 탑승하면 모든 비상구의 위치를 확인하고 승무원의 안전지침을 주의 깊게 듣는다.
- 비행기가 불시착하거나 난기류를 만나 흔들릴 경우에는 모두 제자리에 앉아 좌석벨트를 착용한다.
- 기내의 기압이 떨어질 경우 머리 앞쪽 선반으로 내려온 산소마스크를 신속히 착용한다.
- 아이와 동행한다면 부모가 먼저 산소마스크를 쓰고 난 뒤 아이가 산소마스크를 착용할 수 있도록 돕는다.
- 비행기 추락이 의심된다면 기체의 충격으로 상반신이 튕겨 나가는 것을 방비하기 위해 신발 끈을 묶는다는 느낌으로 의자에 웅크린다.
- 자세로 사지의 골절과 머리의 충격을 최소화한다.
- 비상탈출 슬라이드를 이용할 때는 슬라이드가 손상될 수 있는 굽이 높은 신발은 벗은 다음 양손을 가슴 앞에 교차하고 팔꿈치가 몸 안쪽으로 오게 해 다리와 발을 나란히 뻗는다.
- 승무원의 지시에 따라 슬라이드 중앙으로 뛰어내린다.

❷ 항공기 추락 시 대처 요령

- 먼저 안전벨트를 조이고 양옆의 사람들과 팔짱을 낀 다음 턱을 가슴 쪽으로 끌어 당기고 쿠션이나 담요, 코트 등에 기댄다.
- 좌석 밑에 공간이 있다면 다리를 옆 사람들과 연결시켜 충격에 대비한다.
- 충격 시 기내에서 엄청난 속도로 튕겨 나올 수 있는 가방은 화물로 싣고 볼펜, 안경 등의 소지품도 위험한 흉기로 돌변할 수 있으므로 탑승 후 미리 빼두어야 한다.
- 비행기가 멈추었을 때는 승무원의 지시에 따라 비행기에서 벗어난다.
- 착륙했다면 비행기가 있는 곳에서 재빨리 벗어나야 화재나 폭발로 인한 위험을 막을 수 있다.
- 불길이 보이지 않아도 엔진의 열이 식고 새어 나온 연료가 완전히 증발될 때까지는 기체에서 떨어져 있어야 한다.
- 비행기가 물 위에 불시착했다면 장착된 작은 구조선이 자동으로 부풀어 날개에 고정될 것이다.
- 비행기 안에서는 구명조끼를 부풀리면 안 된다는 점이다. 입수 직전 토글을 잡아 당겨 구명조끼를 부풀게 하고 구조선에 올라탄다.
- 탈출 후에는 여러 사람이 함께 모여 있어야 눈에 더 잘 띄어 구조될 가능성이 크다.

출처: 위기탈출메뉴얼북·우먼센스

승무원을 꿈꾸는 친구들을 위한 영화

<해피플라이트> (일본, 코미디드라마)

두근 두근, 승무원을 꿈꾸는 여러분! 전, 현직 승무원들의 인터뷰와 다양한 항공사 정보 등을 통해 예비승무원으로서 완벽한 준비가 된 것 같나요? 마지막으로 여러분의 소중한 꿈을 더욱 생동감 있게 느낄 수 있도록 멋진 영화를 한 편 추천해드릴게요.

까다롭기로 소문난 기장과 기장 승격을 앞둔 부기장, 그리고 초보 승무원부터 마녀팀장까지 한 번에 만날 수 있는 영화입니다. 호놀룰루로 향하는 비행기 안에서 벌어지는 초긴장 좌충우돌 스토리를 통해 웃음과 감동, 그리고 여러분의 소중한 꿈을 한 번 더 느껴보시길 바랍니다.

생생 경험담 인터뷰 후기

이 책을 위해 인터뷰라는 힘든 작업에 기쁘게 동참해주신 여섯분께 진심으로 감사의 말씀을 전한다.

직접 만나 뵙기도 하고, 영상통화, 또 해외에 계신 이지나님과는 메일로 소통하며 작업하는 동안 자신들의 번거로움보다 이 책을 읽을 독자 – 청소년–들에게 어떻게 하면 더 도움이 될지를 끊임없이 고민하던 모습들이 생각난다.

인터뷰를 하며 가장 인상 깊었던 것은 바로 인터뷰에 참여해 주신 분들의 마음씨였다. 만나는 순간부터 연락하는 많은 시간 동안(귀한 분들을 모시고 인터뷰하는 과정이 예정보다 상당히 길어졌지만) 한 분 한 분의 친절과 배려를 진심으로 느낄 수 있었다. 승무원의 중요 조건인 인성에 대해 진심으로 공감하게 되는 순간들이었다.

전 대한항공 객실승무원(사무장) 곽혜원 님

20년이라는 시간을 승무원으로 활약하며 일어났던 생동감 넘치고, 또 재미있는 경험담을 아낌없이 쏟아주신 열정에 진심으로 박수를 보냅니다. 승무원 생활을 마무리할 때 이야기를 전하시며 눈물을 보이던 모습 속에서 본인의 일을 얼마나 사랑하셨는지 느껴져 저 또한 뭉클한 마음을 감출 수가 없었답니다. 승무원을 위해 시작한 '크루킷'이라는 사이트를 통해 지상에서 시작한 제2의 비행도 멋지게 비상하시길 응원합니다.

전 아시아나항공 국내선 객실승무원 김선미 님

로즈라는 이름처럼 예쁜 미소로 맞아주신 첫 만남이 기억납니다. 특히 세련된 이미지와 목소리로 인터뷰 내내 은은한 아름다움 느끼게 해준 김선미 님. 현재 부산과 서울을 오가며 승무원을 준비하는 학생들을 코칭하면서도 항상 에너지 넘치는 모습을 보여주신 것처럼 앞으로도 멋진 활약을 기대합니다.

전 카타르항공 스튜어드(On board manager) 고민환 님

남자친구들의 커리어를 위해 급작스러운 연락과 요청에도 기쁘게 합류해주신 고민환 님. 진심으로 감사드립니다. 특히 청소년 고민 상담 편을 함께 기획, 준비해주시며 더욱 다양한 정보를 담을 수 있도록 애써주셨습니다. 국내 항공 산업에 대한 발전을 위해 준비하고 계시는 일들과 가정에도 기쁜 일들 가득하시길 진심으로 바랍니다.

전 대한항공 객실승무원(부사무장) 배유리 님

아름다운 눈웃음이 매력적인 유리님. 인터뷰 중 승무원 생활을 마친 후 현재 하고 계신 일과, 또 새롭게 도전하고 있는 일들을 이야기하며 아이처럼 해맑은 미소를 보이시는 모습에 맑고 순수한 마음을 느낄 수 있었답니다. 새롭게 시작하시는 공부, 진심으로 응원합니다.

전 대한항공 객실승무원(부사무장) 권다영 님

세련된 외모와 달리 털털한 성격으로 많은 웃음을 주신 권다영 님. 현재 승무원들을 양성하는 선생님으로 활동함과 동시에, 통역사, 박사학위를 준비하는 학생의 모습까지 매일 바쁜 삶을 살아가는 열정 가득한 모습에 박수를 보냅니다. 오늘보다 더 멋진 내일이 기대되는 다영 님을 진심으로 응원합니다.

현 카타르항공 승무원 이지나 님

해외에 계셔 실제로 만나지는 못했지만 이 작업을 하기 전부터 웹툰으로 팬이었기에 '어떻게 되었을까' 멘토 시리즈의 승무원 편을 기획하며 가장 먼저 메일을 보내었던 지나 님. 다른 시차와 메일 상 소통의 불편에도 불구하고 인터뷰 및 사진을 신속하게 보내주시고 웹툰 사용까지 흔쾌히 허락해주신 점에 다시 한 번 감사 말씀을 전하고 싶습니다. 먼 타국에서 부디 건강하시길, 그리고 계획하신 제2의 꿈들을 모두 이루시길 진심으로 바랍니다.

또한 승무원이라는 직업의 '진짜' 이야기를 들을 수 있도록 함께 해주신 '캠퍼스멘토'에도 감사 말씀을 전하고 싶다.

마지막으로 대한민국, 그리고 해외의 모든 승무원분들의 노고와 진정한 고객 서비스 정신에 감사의 박수를 보낸다.